Achim Schenk

Lichtertanz, Augenglanz

Neuer Schwung in Kindergruppen

Unter Mitarbeit von Heike Baum,
Gabriela Falkenberg und Maja Hasenbeck

 Burckhardthaus-Laetare Verlag

■ Die Reihe „3–7" wird von Hajo Bücken herausgegeben. Sie ist gedacht für alle, die in der Kindererziehung tätig und mit den Problemen von Vorschulkindern konfrontiert sind in Kindergarten, Vorschule und Familie. Jährlich erscheinen zwei Bände.
Die Bände sind einzeln oder fortlaufend zu beziehen.
(Bei fortlaufendem Bezug sparen Sie ca. 15%)

© 1996 by
Burckhardthaus-Laetare Verlag GmbH, Offenbach/M.
Postanschrift: Schumannstr. 161, 63069 Offenbach/M.

Umschlaggestaltung: Peter Weber, Bremen
Illustrationen: Theresia Koppers, Düsseldorf
Herstellung: Joachim Emrich, Gelnhausen
Satz: Salzland Druck, Staßfurt
Druck und Verarbeitung: RGG-Druck, Braunschweig

Die Deutsche Bibliothek – CIP-Einheitsaufnahme
Schenk, Achim
Lichtertanz, Augenglanz: neuer Schwung in Kindergruppen / Achim Schenk. – Offenbach/M.: Burckhardthaus-Laetare-Verlag, 1996
(Spiel-Lern-Reihe 3–7)
ISBN 3–7664–9313–2

Inhalt

Teil 4

Welch Glanz in unserer Hütte 75

Zum Thema

Gibt es etwas Schöneres als das Glänzen in den
Augen von Kindern, wenn sie neue Erfahrungen
machen, wenn ihnen eindrucksvolle Erlebnisse
beinahe den Atem rauben, kleine Wunder sie
sprachlos machen? Daraus können wir uns den
Lohn für viele Tage harter Arbeit holen, die
Bestätigung für unseren Einsatz, können für weitere
Anstrengungen auftanken.

Von Glanz und vom Leuchten ist in diesem Buch viel
die Rede. Die Kapitel „Licht kommt von Leuchten“,
„Der Tanz beginnt“, „Ein Fest für unsere Augen“ und
„Welch Glanz in unserer Hütte“ zeugen davon.
Autor und Coautoren haben eine Reihe von Spielen,
Tänzen, Festen und Mitmachgeschichten
gesammelt und entwickelt, die von Lichtern und
Leuchten erzählen, von Augentierchen und
Tanzelwürmern, Regenbögen und Sonnenstrahlen,
magnetischen Tänzen und vielem mehr.

Hier wird eine Vielfalt von Ideen präsentiert, die
wirklich neuen Schwung in die Kindergruppe
bringen kann. Dabei ist an ruhige Teile genau so
gedacht wie an lebendige, an Mädchen wie Jungen,
an Basteleien wie an Verkleidung und Schminken,
kurz: an alles, was ein Kinderherz begehrt. Wie
geschaffen für die tägliche Arbeit im Kindergarten.

Licht
kommt von Leuchten

Vom Licht

Immer wieder faszinierend ist es, das Licht. Es gibt uns Wärme wie die Möglichkeit zu sehen. Es verschafft uns Sicherheit. Es fällt uns oft erst auf, wenn wenig davon da ist – wie bei einer Kerze oder einer Taschenlampe. Licht läßt aber auch Schatten entstehen. Von all dem handelt der erste Teil dieses Buches.

Licht hat auch Schatten!

Fragen Sie die Kinder doch einmal nach dem Licht. Was alles ist Licht, was kann es? Sprechen Sie mit ihnen über Straßenlaternen, Ampeln und Katzenaugen …

Ein Text zur Einstimmung

Licht
bringt Sicht.
Ohne Licht seh' ich nicht.

Licht
hat Gewicht.
Ohne Licht ist alles dicht.

Licht
ist Pflicht.
Ohne Licht kein Gesicht.

Licht
besticht.
Ohne Licht viel Verzicht.

Licht
ist schlicht.
Ohne Licht ist Schicht.   T. S.

■ JUCHHU, DIE SONNE

Sie sitzen mit den Kindern im Kreis um den Tisch und beginnen, mit den Fingerspitzen leichten Nieselregen nachzuahmen. Dabei erzählen Sie, wie sich der Regen langsam zu einem gewaltigen Schauer entwickelt. Da darf Donner und Hagel nicht fehlen. Sie können aber auch einen kräftigen Wind aufkommen lassen, der den Regen peitscht. Irgendwann läßt der Regen wieder nach, und die Sonne kommt hervor.

Die Kinder versuchen, die Geschichte ständig mit wechselnden Geräuschen zu begleiten. Dabei klopfen sie der Witterung entsprechend mal mit den Fingern, mal mit der Faust, oder auch mit der ganzen Hand ganz unterschiedlich auf den Tisch.

Die Sonne wird am Schluß sicher mit einem lauten „Juchhu" begrüßt!

Kleines Startspiel

■ DAS KALEIDOSKOP

Verschiedene Papiere sind beim Bau des Kaleidoskop wichtig: Pappe, farbiges Transparentpapier, Schreibpapier. Dann wird noch Klebestreifen und eine Schere benötigt. Aus dem Papier werden Kreise geschnitten, die so groß sind wie die Scheibe auf der Taschenlampe. Diese können mit farbigen Papierschnipseln verziert werden. Oder man schneidet Muster in die Kreise, Zickzack, Wellen, macht mit dem Locher Punkte. Die verschiedenen Kreise können auch übereinander gelegt werden, ergeben so immer wieder neue Muster. Das Ganze wird mit Klebestreifen an der Taschenlampe befestigt. Wird nun das Licht ausgeknipst, können mit der Taschenlampe die schönsten

Kleine Startbastelei

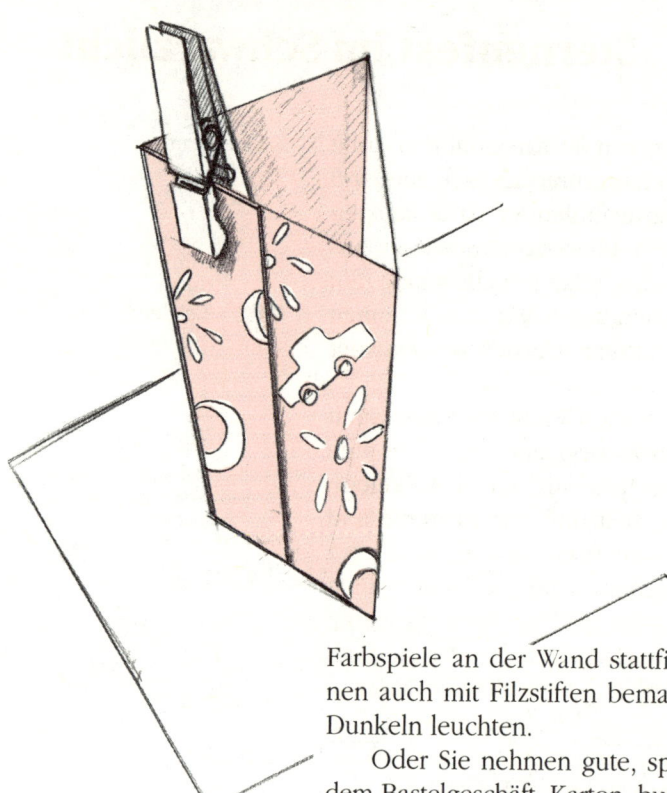

Farbspiele an der Wand stattfinden. Die Papiere können auch mit Filzstiften bemalt werden und dann im
Dunkeln leuchten.

Oder Sie nehmen gute, spiegelnde Silberfolie aus
dem Bastelgeschäft, Karton, bunte Bilder und Klebstoff.
Jedes Kind schneidet aus dem Karton ein Rechteck aus.
Es sollte ungefähr die Größe 11,5 cm x 8 cm haben.
Auf diesen Karton kleben Sie die Silberfolie. Wenn Sie
Ihr Kaleidoskop schön bunt haben wollen, können sie
es jetzt auf der Außenseite mit Buntpapier bekleben
oder anmalen. Im Abstand von 3 cm wird der Karton
gefaltet und als dreiseitiges Prisma mit einer dreiecki-
gen Grundfläche zusammen geklebt. Damit der Klebstoff gut trocknen kann, nehmen Sie zwei Büroklam-
mern oder Wäscheklammern und klemmen die Klebe-
flächen aufeinander. Nun ist das Kaleidoskop bereits
fertig. Die Kinder nehmen ein buntes Bild und bewegen das Kaleidoskop knapp über dem Bild hin und
her. Dabei entsteht ein herrliches Schauspiel.

Sternenfest im Schwarzlicht

Schwarzlicht ist eine wunderbar geheimnisvolle Sache, besonders für Winternachmittage geeignet, wo es früh dunkel wird. Gebraucht werden dafür Lampen mit ultraviolettem Licht (UV-Röhren), wie man sie aus Diskotheken kennt. Schaltet man diese Lampen ein, werden alle weißen Sachen reflektiert und scheinen bläulich, alle dunklen, schwarzen Sachen werden vom Licht „geschluckt".

Weiß reflektiert, schwarz schluckt!

Der Effekt ist natürlich noch wirkungsvoller, wenn auch der Hintergrund schwarz ist. Hat dann einer eine schwarze Hose an, sieht es so aus, als ob er keinen Unterkörper hat. Wer alte Bettlaken hat, kann diese in der Waschmaschine schwarz einfärben. Es geht aber auch mit schwarzer Teichfolie.

Wenn dann eine Wäscheleine im Raum gespannt wird, über die man die Teichfolie hängt oder die Bettlaken angeklammert werden, ist der richtige Rahmen schon da. Für kleinere Kinder ist es sicherlich hilfreicher, wenn die U.V.-Röhre aufgehängt wird, damit sie nicht so leicht darüber stolpern. Liegt sie auf dem Boden, sollte sie mit einem reflektierenden Band gekennzeichnet sein, damit sie auch im Stockdunkeln gesehen wird.

Achtung!
Stolpergefahr!

Schwarze Sweatshirts und Leggings hat bestimmt fast jede Mutter. Und wenn sie noch etwas arg groß sind, werden Hosenbeine und Ärmel einfach umgekrempelt und mit einem Gummiband zum Halten gebracht. Schwarze Kapuzen, die auch das Gesicht verdecken, wären praktisch, aber wenn es nicht zur Aufführung kommt, geht es auch ohne. Die Kinder können dann besser sehen.

Wenn jetzt noch einige weiße Anziehsachen, Tücher oder Handschuhe aufzutreiben sind, steht dem Spiel nichts mehr im Wege.

■ EINE MODENSCHAU

Kinder verkleiden sich gerne völlig. Eine Modenschau mit viel Rüschen und Firlefanz macht ihnen ungeheuren Spaß. Im Schwarzlicht leuchten allerdings nur weiße bzw. fluoreszierende Farben, aber davon wird man schon einiges auftreiben. Die anderen sehen matt, schattig aus. Man braucht sich ja nicht auf fertige Anziehsachen beschränken, Küchentücher tun es auch. Frisier- oder Jongliertücher aus Acryl leuchten wunderbar. Tücher können die ideale Ausgangsbasis für verrückte Kostüme sein. Und wenn den Kopf noch ein verrückter Turban oder Hut schmückt, kann das Ganze eine herrlich alberne Sache werden. Zusammengehalten werden sie mit Sicherheitsnadeln oder Gummi. Diese Kostüme sind ja nicht für die Ewigkeit bestimmt.

Aber auch wenn nur Teile zu sehen sind, kann es für Kinder faszinierend werden. Wenn ein Kind eine weiße Strumpfhose oder Leggings nur über seine Arme zieht, den Kopf mit in die Hose steckt, und seine Arme dann weit auseinanderstreckt und bewegt – dann ist schon der Adler da, der seine Flügel kraftvoll schwingt.

Ein Arm, von einem weißen Tuch umhüllt, kann zur Schlange werden, der Zeigefinger im weißen Taschentuch krümmt sich und wird zum kleinen Regenwurm. Wie könnte denn ein Fisch dargestellt werden oder ein Bär?

■ TANZ IM SCHWARZLICHT

Tanzende Figuren sind aber auch noch anders herzustellen: Auf die schwarzen Kostüme der Spieler werden mit fluoreszierendem Decefix Muster ausgeschnitten und aufgeklebt. Die Spieler bewegen sich frontal zum Publikum, tanzen wie eine Marionette.

Oder: Der ganze Mensch wird mit Stoffen, Pappkartons und Spiralen dargestellt, die im Schwarzlicht leuchten. Dann kann sich der Spieler drehen und wenden, wie er will, und immer wieder sieht es gut aus.

■ WIE DIE TIERE IN DEN HIMMEL KLETTERTEN

Die Kinder können Tiere darstellen mit typischen Charakteren. Da ist zum Beispiel der Bär: tolpatschig, kräftig, es sind nur die Bärenpranken und der wuchtige Gang zu sehen. Die Pfeile fliegen durch die Luft, bilden eine Leiter. Wenn die Tiere oben sind, bilden sie Sternkreiszeichen.

Die Pfeile sind aus Pappe hergestellt, die Vorderseite ist aus weißem oder fluoreszierendem Papier (aus dem Dekogeschäft) aufgeklebt, die Rückseite ist schwarz angemalt. Die Kinder fassen an die schwarzen Ränder und können die Pfeile so führen. Bei den Sternkreiszeichen können ganz viele Kinder mitmachen. Jeder bekommt zwei Sterne aus Pappe in die Hände. Damit sie besser zu greifen sind, haben die Sterne auf der Rückseite aus fester Pappe einen Griff angetackert bekommen. Die Kinder formieren die Sterne dann zu immer neuen Gestalten. Mit schöner Musik im Hintergrund kann das eine wunderschöne Sache werden. Wichtig ist dabei nur, daß auch andere Kinder ihnen das mal vormachen, damit sie selber auch mal die Wirkung mitbekommen.

Ob die Kinder auch „richtige" Sternbilder, z.B. den Kleinen Wagen, hinbekommen?

Schön ist auch ein Wechselspiel zwischen Erwachsenen und Kindern. Die einen stellen mit ihren Sternen eine Figur zusammen, die anderen versuchen darin Figuren zu erkennen: Das sieht aus wie eine Blume, das ähnelt einer Wolke …

Viel Theater um die Schatten

■ SCHATTEN FANGEN

Ganz einfach fängt es an. Schatten ist immer da, wenn die Sonne scheint (oder eben eine andere Licht-quelle da ist). An einem Sonnenscheintag wird das aus-probiert: Ein Kind rennt davon, das andere versucht auf seinen Schatten zu treten. Gelingt es ihm, werden die Rollen vertauscht. Es läuft jetzt davon. Ist sein Part-ner genauso geschickt und kann seinen Schatten erwi-schen?

In einer großen Gruppe macht das auch Spaß, ist auch nicht so anstrengend, denn ein Kind kann sich aus der Gruppe einen aussuchen, hinter dem es her rennt. Das „Schattenerleben" ist allerdings zu zweit größer.

■ SCHATTEN VERÄNDERN

Haben sich die Umrisse verändert?

Ein Kind stellt sich so, daß sein Schatten auf As-phalt oder Steinplatten fällt. Die Stelle der Füße wird markiert oder die Füße werden umzeichnet. Mit Straßenkreide malt sein Partner die Schattenkonturen nach.

Nach einer Stunde wird das Spiel wiederholt. Das Kind stellt sich auf dieselbe Stelle, das andere malt wiederum die Schattenränder mit Kreide nach. Wieso ist der Schatten jetzt anders? Wie sieht der Schatten denn nach einer weiteren Stunde aus. (Oder am nächsten Morgen oder am Nachmittag?)

Die Kinder können die Schatten aber auch selber verändern: Statt die Ränder genau nachzumalen wie beim vorherigen Spiel, verändert das malende Kind den Schatten: Es kann eine lange spitze Nase malen und einen Buckel, vielleicht noch einen Hexenbesen dazu – schon ist die kleine Hexe fertig, es fehlt nur noch der Rabe Abraxas auf ihrer Schulter.

Ein Schattenwesen entsteht

Das Kind kann sich auch schon in einer verrückten Position hinstellen, dann sieht der Schatten allein schon höchst merkwürdig aus. Was kann aus diesem Gebilde denn gemacht werden? Die Kinder können zusammen überlegen und gestalten.

Wo sind eigentlich die Schatten, wenn die Sonne nicht scheint? Ob den Kindern eine Geschichte dazu einfällt?

In dem Buch „König Kalle Wirsch" begegnen die Kinder Jenny und Max auf ihrer Reise in die Erde mit dem Erdmännchenkönig den Schatten. Was halten denn die Kinder von dieser Version. Macht es sie neugierig, noch mehr von der Reise zu hören? Denn wie können die Kinder wohl unter der Erde sehen, wo doch die Sonne da gar nicht scheinen kann? Ob sie da auch Edelsteine finden? Können Rubine überhaupt da unten funkeln, wenn doch gar kein Licht auf sie scheinen kann. Die Antwort gibt das Buch. Hier ist jetzt nur das Kapitel vom Schatten.

Reise in die Erde

■ SCHATTENSPIEL

Ganz einfach
zu bauen

Das einfachste Schattentheater entsteht mit einer Wäscheleine, Wäscheklammern, einem Bettlaken und einer starken Lampe. Die Leine wird gespannt (zwischen zwei Fenster, an der Wand und am Regal festgemachte ...) das Tuch drübergeschlagen und mit den Klammern zum Halten gebracht. Damit das Tuch einigermaßen gerade hängt, werden unten noch Stühle auf den Stoff gestellt. Eine starke Lampe strahlt von hinten den Stoff an. Stellt sich ein Kind vor die Lampe, erscheint seine schwarze Schattengestalt auf dem Tuch. Wer ist denn das Kind, das sich hinter dem Tuch verbirgt? Das herausfinden können auch schon kleinere Kinder, sie beobachten oft sehr genau. Erkennen sie die Figur auch, wenn sie einen großen Hut trägt oder einen Buckel macht, indem sie einen Schal unter den Pullover steckt?

Gegenstände
erkennen

Ob die Kinder auch die Schatten von Gegenständen erkennen? Ein aufgespannter Taschenschirm ist ja nicht schwierig, aber ist er auch zusammengefaltet zu erkennen? Ein Buch sieht ja genauso aus, wenn nur der Buchrücken zu sehen ist. Aber jetzt wird es deutlich, denn ganz langsam wird es zu Seite gedreht, dann auch noch geöffnet. Jetzt weiß es jeder! Ist es schwierig, das Brot unter vielen anderen Lebensmitteln herauszufinden?

Was ist denn der Kreis da? Ah, das ist ja Margarine – das war schwer! Senkrecht hingestellt wäre es viel leichter gewesen!

Jetzt heißt es: Gut aufpassen und mitdenken. Denn jetzt muß man aus den Schatten den herausfinden, der nicht zu der Gruppe gehört. Da sehen die Kinder z.B.: einen Apfel, eine Birne, eine Banane, eine Taschenlampe, Weintrauben und eine Zitrone? Ist doch klar, daß die Taschenlampe da nicht hingehört!

Einzelne
Puzzleteile

Jetzt wird es ganz schwer: Auf die Leinwand (Bett-tuch) sind mit Stecknadeln verschieden Teile gepinnt. Erkennen die Kinder anhand dieser Puzzleteile, was das als Ganzes darstellen soll. Man kann ja mit einfachen Sachen anfangen, wie z.B. mit einem Haus. Dach, Schornstein, Rauch, Gebäude und Gartenzaun sind einzeln verteilt. Vielleicht steht das Dach auf dem Kopf und sieht dann aus wie ein Boot, der Zaun steht hochkant und wirkt wie eine Leiter. Aber so leicht sind Kinder nicht zu verwirren, sie finden es sicher heraus, oder?

... ein Pferd
zerschneiden

Wenn solch einfache Sachen gelingen, können Malkünstler hervortreten. Ein Pferd wird auf Papier gemalt und in ungleiche Stücke zerschnitten: Die Beine werden mal längs, mal quer aufgeteilt, die Mähne bleibt ganz, dafür wird der Kopf in zwei Hälften getrennt. Oder ist das zu schwierig? Dann reicht es auch, fünf Teile aus dem Pferd zu schneiden und weit voneinander entfernt aufzuhängen. Auch dann muß man sein Gehirn schon anstrengen.

■ WASSERNIXE

Das Märchen von den Brüder Grimm läßt sich wunderbar als Schattentheater nachspielen. Sind die aufgezählten Gegenstände nah an der Lampe, sehen ihre Schatten klein aus. Hält man sie etwas schräg, wachsen sie und werden größer. Die Haarbürste wird also zum stacheligen Berg, über den die Nixe erst einmal klettern muß, der Kamm zum picksigen Gebirge, an dem sich die Nixe hochhangelt. Der Spiegel ist so glatt, daß sie sofort wieder herunterrutscht und aufgeben muß. Farbiges Seidenpapier oder Transparentpapier vor die Lampe gehalten, gibt dem Ganzen noch eine besondere Atmosphäre.

■ WO DIE WILDEN KERLE WOHNEN

Diese Geschichte eignet sich ja ganz besonders für Kinder. Sie können sich selber ganz fürchterlich verkleiden und als wilde Kerle herumtoben und tollen. Oder sie basteln ganz schreckliche furchterregende Gestalten, die sie auf Stäbe setzen und als Schattenfiguren herumtollen lassen. Zweige und Gräser können der Wald sein, der langsam Max' Zimmer zuwuchert und verwandelt.

■ GESPENSTER

Sie sind ebenfalls immer wieder beliebt. Allein schon aus Pappe Schlösser, Burgen oder Ruinen zu gestalten macht Spaß. Die Gespenster können kleine einfache Marionetten sein: Ein Papiertaschentuch wird zu einer Kugel geformt. Ein zweites Tuch wird darübergelegt, die Kugel wird mit einem Bindfaden abgebunden. Kopf und Arme befestigt man mit Faden an einem dünnen Rundholz. Durch Schwingen des Armgelenks kann das Gespenst tanzen. Geheimnisvolle Geräusche können das Ganze noch unterstützen.

Mit einem finsteren Verlies ...

Einige Kinder trauen sich auch, selber Vampire oder Gespenster zu sein. Die Haare werden dann mit Haarspray „schön" toupiert und gestylt. Karnevalszähne oder ersatzweise solche aus Pappe werden mit Mastix an den eigenen befestigt (so sie noch vorhanden sind), ein Bettuch wird zum Umhang und schon kommt Graf Dracula hervor und macht sich auf die Suche nach Menschenblut. Wer ist mutig genug, sich in den Nacken beißen zu lassen?

... und finsteren Gestalten

19

Hallo, – hier ist das
Gespenst

■ NEBELFRAU

Nebel darf bei der Nebelfrau natürlich nicht fehlen.
Nebelmaschinen sind natürlich sehr effektvoll, aber
Tüll oder Gazestoff wirken als Schatten fast wie Nebel.
Und Spinnennetze aus der Sprühdose geben dem Un-
geheuerlichen noch das Tüpfelchen auf dem I. Wer
traut sich denn, sich in Spinngewebe einhüllen zu lassen? Das ist nicht nur herrlich ekelig, sondern sieht
auch als Schatten ganz gruselig aus. Wer das nicht
mag, kann sich auch in Garne und Wollfäden einhüllen, das sieht auch ganz toll aus. So, jetzt kann die Nebelfrau versuchen, ihre Opfer zu fangen.

Spinnennetze

20

Lichtspiele mit der Taschenlampe

■ HINTERGLAS-AQUARIUM

Die Kinder malen mit Filzstiften die schönste Untersee-Landschaft auf eine Glasscheibe. Strahlt man die Scheibe mit einer Taschenlampe an, leuchten die Farben ganz intensiv, auch an der Wand. Dann kann ein tolles Unterwassertheater stattfinden, im Dunkeln. Wie wäre es mit Swimmy von Leo Leonni? Der passende Hintergrund ist schon da. Die Fische aus festem Papier können auf kleinen Schaschlikstäbchen befestigt werden und durch das Wasser schwimmen.

Das sind dann „Fischstäbchen"

Sie werden wie beim Stabpuppentheater von unten gespielt. Es ist günstig, daß sich die Kinder abwechseln, weil sie die Wirkung mitbekommen wollen.

■ IM DUNKELN MUNKELN

Jetzt versuchen alle dem Licht der Taschenlampe auszuweichen. Zumal der Spieler, der das Taschenlampenlicht durch das Zimmer gleiten läßt, einen Zauber auf das Licht gelegt hat. Jeder, der vom Licht ins Gesicht getroffen wird, erstarrt zur Salzsäule. Die Spieler können sich gegenseitig erlösen, indem jemand, der noch nicht durch den Lichtstrahl verzaubert wurde, einem verzauberten Mitspieler durch die Beine krabbelt. Wenn dieser dabei mit dem Licht in Berührung kommt, erstarrt dieser jedoch auch. Schafft es das Zauberlicht, alle Spieler zu Salzsäulen zu verwandeln, kann ein anderer Spieler sein Glück mit der Taschenlampe versuchen. Je mehr Gegenstände im Raum sind, um so mehr Deckungsmöglichkeiten haben die Spieler. Der mit der Taschenlampe muß sich dann durch den Raum bewegen, und kann die restlichen Spieler nicht von einem Punkt aus verwandeln, weil er sie mit dem Licht nicht erreichen kann. So haben die anderen die Möglichkeit, neue Verstecke zu suchen. Der Spieler mit der Lampe hingegen kann diese ausmachen und versuchen, sich in eine andere Ecke der Zimmers zu schleichen, um die Spieler von dort aus zu überraschen!

■ TASCHENLAMPENGEISTER

Malt man ganz kleine Geister auf schwarzes Papier und klebt diese mit Klebestreifen auf die Scheibe der Taschenlampe. Jetzt kann im Dunkeln die Geisterparade stattfinden. Die Größe der Geister kann verändert werden, indem man mal ganz nah an die Wand geht oder sich davon entfernt.

■ DIE AMPEL

Ein Kind bekommt drei Taschenlampen, je eine ist mit gelbem, rotem und grünem Buntpapier beklebt. Dieses Kind ist der Hüter der Ampel. Es steht den anderen Kindern im Zimmer gegenüber. Neuer Ampelhüter kann nur werden, wer den alten Ampelhüter berühren kann. Wenn die Ampel rot zeigt, darf sich kein Kind bewegen, es muß still stehen. Ist die Ampel grün, darf so schnell wie möglich zum Ampelhüter gelaufen werden. Ist sie gelb, müssen die Kinder rückwärts gehen. Der Ampelhüter steht mit dem Rücken zu den Kindern gedreht. Er bestimmt, wann welches Ampellicht leuchtet. Zeigt er die rote Lampe, darf er sich jederzeit umdrehen und kontrollieren, ob auch alle ruhig stehen. Sieht er jemanden, der sich bewegt, muß dieses Kind zum Ausgangspunkt zurück. Wer den Ampelhüter zuerst berührt, übernimmt in der nächsten Runde seine Rolle.

■ SCHWARZER SCHATTEN

Ein Kind steht hinter dem Laken und hat die Taschenlampe in der Hand. Die Lampe soll immer direkt auf das Tuch leuchten. Ein anderes Kind steht auf der anderen Seite und versucht mit seiner Hand immer der Bewegung der Taschenlampe zu folgen. Zuerst will das Kind mit der Lampe immer entwischen, aber nach und nach versuchen sie gemeinsam schöne runde Formen mit der Lampe zu gestalten. Die anderen schauen dabei zu und nach einer gewissen Zeit dürfen es andere versuchen.

■ LAMPENSCHIRME

Genauso gut und einfach lassen sich Lampenschirme herstellen. Etwas festeres Papier wird dafür gebraucht. Der Streifen wird an beiden Seiten konisch zugeschnitten, der obere Rand ist also ca. 2 cm schmaler als der untere. Auf den Streifen kann das Kind mit Filzstiften eine tolle Landschaft, Figuren oder Muster malen. Die Ränder werden übereinandergelegt und dann zusammengeklebt. So kann es über

ein leeres Marmeladenglas gestülpt werden. Das brennende Teelicht bringt die Farben noch mehr zum Leuchten.

■ TISCHLAMPEN

Leere Marmeladen- oder Gewürzgurkengläser eignen sich wunderbar für Tischlampen. Sie werden eingekleistert und mit Transparentpapierschnipsel beklebt. Ist das Papier getrocknet, sorgt ein Teelicht dafür, daß die Lampe leuchtet.

■ SCHATTENGANG

Sie legen die Taschenlampe hinter das Laken auf einen Stuhl, so daß eine möglichst große Fläche des Tuches hell erleuchtet ist. Nun beginnen die Kinder mit ganz einfachen Dingen. Zum Beispiel versuchen alle nacheinander, unterschiedlich hinter dem Laken zu gehen. Der eine schlürft wie ein alter Mensch, der nächste baut sich auf wie eine stolze Dame, auch ein Jogger kann dabei sein. Die anderen stehen natürlich davor und schauen es sich an. Dabei können sie raten, was der andere hinter dem Tuch gerade darstellen will. Danach versuchen wir Berufe zu erraten, die jemand hinter dem Tuch darstellt.

■ BLITZ UND DONNER

Die Kinder sind im Wald. Es ist schon dämmrig oder sogar schon dunkel. Ein Kind spielt den Blitz, es soll wie bei einem echten Gewitter dem Donner davonlaufen. Deshalb schleicht es sich mit seiner Taschenlampe, die nicht eingeschaltet ist, durch den Wald. Von Zeit zu Zeit schickt es nun einen Blitz mit der Taschenlampe los. Alle anderen Kinder spielen den Donner und haben eine Menge kleiner Papiertüten (Vespertüten) in den änden.

Wenn ein Kind den Blitz sieht, bläst es schnell eine Tüte auf, und während es die Öffnung mit der einen Hand zuhält, haut es mit dcr anderen Hand die Tüte kaputt. Die platzt dann mit einem lauten Knall, dem Donner. Das Kind, dem der Knall als erstes gelungen ist, darf nun den Blitz fangen. Allerdings nur, bis dieses Kind einen neuen Blitz losschickt. Fängt ein Donner den Blitz, tauschen die beiden die Rollen ebenso wie die Taschenlampen und Tüten. Natürlich werden die kaputten Tüten nicht in den Wald geworfen, sondern zuhause in das Altpapier.

DETEKTIV

Alle bewegen sich in einem Raum, der absolut dunkel ist. Ein Kind ist der Taschenlampendetektiv. Es strahlt von Zeit zu Zeit mit der Taschenlampe durch das Zimmer, nur ganz kurz und ohne die Lampe dabei zu bewegen. Wenn in dem Lichtstrahl eines von den anderen Kindern steht, und es ihn beim Namen nennen kann, muß das benannte Kind ihm helfen, indem es auch versucht die anderen zu erkennen. Allerdings darf es die Lampe, wenn sie brennt, wirklich nicht bewegen! Wenn alle gefunden und beim Namen genannt sind, kann ein neuer Detektiv sein Glück versuchen.

Blitzlicht!

■ SCHNEEMANN MALEN

Alle stehen in einem Kreis, das Zimmer ist dunkel. Ein Kind nimmt als erstes die Taschenlampe und die Kreide. Die Taschenlampe wird nun ausgemacht und das Kind malt im Dunkeln den Kopf eines Schneemannes auf den Boden, ungefähr in der Mitte des Spielerkreises. Dann gibt es die Taschenlampe und die Kreide ein Kind weiter. Dieses Kind darf nun die Lampe kurz anmachen und genau zeigen, wie weit der Weg ist und wie groß der Rumpf des Schneemannes sein muß. Nun gibt es die Taschenlampe im Kreis an seinen Nachbarn weiter. Die Lampe wird ausgemacht. Im Dunkeln geht es in die Mitte des Kreises zum Schneemann und malt den Rumpf. Der Nachbar mit der Taschenlampe darf nun schauen, wo er die dritte Kugel hinmalen muß. Erst wenn die Augen, die Nase, die Ohren, der Mund, der Besen und die Knöpfe am Schneemann angebracht sind, ist das Spiel zu Ende.

Anmerkung: Weiße Kreide hinterläßt auf Parkett, Linoleum oder anderen glatten Flächen keine Spuren. Im Zweifelsfall probieren Sie es lieber an einem Ort aus, der in der Regel nicht gesehen wird, zum Beispiel hinter der Türe.

Wie etwas gemeinsam entsteht

Magenlicht:
Dem Bauch etwas Gutes tun

■ STERNSUPPE UND SILBERNE FÄDEN

Nudeln nehmen hervorragend die silberne Lebensmittelfarbe an, die es in Drogerien zu kaufen gibt. Sie wirken dann wie silberne Fäden, die man essen kann. Noch schöner finde ich, Suppensternnudeln silbern zu färben und sie dann in einer klaren Gemüsebrühe zu servieren. Das sieht dann aus wie eine Sternensuppe. Gemüsebrühe macht man dazu am besten mit einem gekauften Fertigpulver, das man nur mit heißem Wasser verrühren muß. Die Nudeln werden vorher gekocht und anschließend mit der Lebensmittelfarbe vermischt. Erst kurz vor dem Servieren werden die Sterne in die Suppe gegeben, sonst werden sie zu weich.

Fest und ...

■ RÄUCHERBOWLE

Wer die Möglichkeit hat, an Trockeneis (Großküchen) zu kommen, kann damit wunderschöne Effekte erzielen. Zum Beispiel wird ein Raum mit bunten Glühbirnen beleuchtet. Dann kommt auf den Tisch ein Kinderpunsch, in den kurz vorher Trockeneis gelegt wurde. Nun steigt geheimnisvoller Rauch aus dem Topf, der in den Farben der Glühbirnen schimmert.

... flüssig

Punschrezept: 1/2 Liter Schwarz- oder Pfefferminztee mit zwei Stangen Zimt kochen. Danach 1 Liter Kirschsaft hinzugeben, ein wenig Zitronensaft, und wenn nötig, noch etwas Zucker, warm servieren.

■ LICHTERTANZ

Ein Kuchen oder eine Eisbombe steht in einem dunklen Zimmer auf einem Tisch. Ganz viele Kerzen auf dem Kuchen bilden einen Kranz. Um diesen Lichterkranz wird nun ein Freudentanz getanzt. Dabei versuchen alle, soviel Wind zu machen, daß die Kerzen ausgeblasen werden. Danach Licht an, und es kann gegessen werden.

Viel Wind

■ DAS GROSSE LATERNENFEST

Das große Laternenfest soll am Ende dieses Kapitels stehen. Es gibt dabei viel zu tun, viel zu feiern und viel zu spielen. Ein ganzer Tag ist dafür sicher nicht zu viel. Sie können auch die Eltern zu diesem Ereignis einladen. Das Fest läuft in fünf Stufen ab:

1. Laternen bauen
2. für das Laternenfest kochen
3. Ausgestaltung des Festes:
   Schmücken und Schminken

4. Feiern
5. Verabschieden

1. Laternen bauen

Für den Bau von Laternen brauchen wir farbiges Tonpapier, Alufolie, Kleber, Schere, Pergamentpapier, Teelichter, Draht, Holzstäbe.

Aus dem Tonpapier Rechtecke von folgenden Maßen ausschneiden:
Für die Böden 30 x 15 cm (5 cm zum Falzen).
Für die Seiten 30 x 25 und 15 x 20 cm große Flächen ausschneiden (je 5 cm zum Falzen)
Große Seitenflächen haben eine Lasche, die man unter den Boden klebt.

Die großen Seitenflächen (30 x 20) vorbereiten, indem sie mit Ornamenten oder Figuren bemalt werden, die dann herausgeschnitten werden und von der linken Seite mit Pergamentpapier beklebt werden. Danach die Seiten und den Boden verkleben. (evtl. kleine Dreiecke oben an den Rändern befestigen, da wo der Draht befestigt werden soll).

Wenn alle mithelfen ...

Alufolie zu einer kleinen Wurst formen, so daß ein festes Nest für das Teelicht entsteht, und auf den Boden der Laterne festkleben. Teelicht einsetzen.

Draht in die vorher markierten Löcher stecken und um Befestigungen umknicken. Die Drahtenden an dem Holzstab befestigen und fertig sind die Laternen.

Sie können auch als Dekoration dienen, dann – ohne den Holzstab – an langen Schnüren in dem Raum aufhängen, in dem gefeiert wird.

Als Dekoration eignen sich auch Tücher, Bänder o.ä., die den Raum festlich dekorieren.

... sind wir schneller fertig

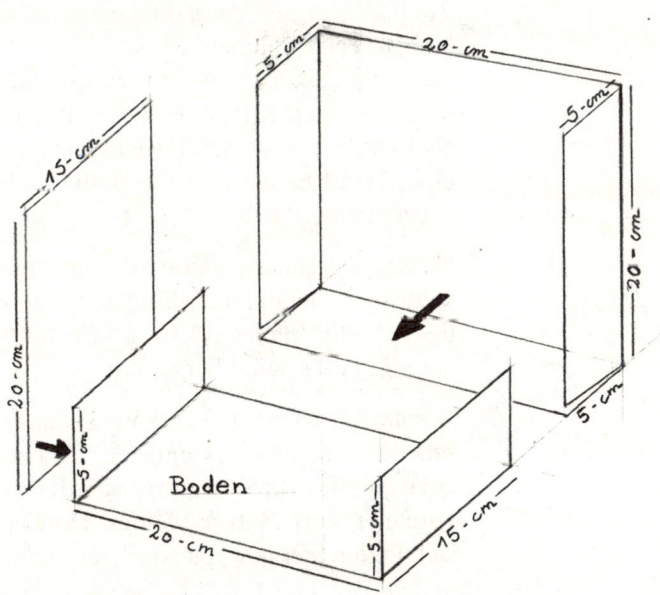

2. Für das Fest kochen

Kein Fest ohne festliche Speisen. Deshalb haben wir für heute ganz besondere Leckerbissen ausgesucht. Da sind die

☐ *Sternensuppe:*
Sternchennudeln in Brühe kochen und als Suppe servieren.

☐ *Sterntaler:*
Normalen Knetteig nach Kochbuch herstellen, Sternchenformen ausstechen, mit Hagelzucker oder gehackten Mandeln verzieren und abbacken.

☐ *Wunderkuchen:*
Sie backen einfach Ihren Lieblingskuchen und lassen ihn dann mit Wunderkerzen geschmückt servieren.

3. Schmücken und Schminken

Tischdekoration: Margarinebecher bemalen oder bekleben, Teelicht hineinstellen.
Servietten mit Laternenmotiv oder Sternenmotiv suchen. Aus den Servietten kleine Blumen formen und als Deko verwenden. (Serviette entfalten, die Mitte mit einer Hand fassen und durch die andere ziehen, so entsteht eine Blume.)

Verkleiden: Für die Kinder, die sich gerne verkleiden, sollte eine Verkleidungskiste bereitstehen. Selbst aus dem ältesten „Fummel" kann man mit Glitzerbändern ein schönes Kostüm herstellen.

Schminken: Hier ist der Phantasie keine Grenzen gesetzt. Man sollte nur genügend Schminkfarben, Servietten und für später Hautcreme oder Abschminke bereithalten. Als Motive können Mond-, Sternen- und Lichtergesichter gewählt werden.

■ LATERNENSPIEL

Es werden Laternenbilder auf Pappe gemalt oder Bilder von einer Laterne werden ausgeschnitten und auf eine Pappe geklebt. Das Format sollte ungefähr 20 x 20 cm betragen.

Jede Laternenpappe wird in fünf oder sechs Teile zerschnitten, je nach Gruppen, die man bilden will, bzw. Anzahl der Festgäste. Pro kleinem wie großem Gast brauchen wir ein Puzzleteil.

Für jedes Kind ein Puzzleteil

Die einzelnen Teile werden in dem Festraum versteckt. Die Kinder bekommen die Aufgabe, ein Laternenteil zu suchen. Sobald jeder ein Stück gefunden hat, sollen die Kinder versuchen, ihr Puzzleteil mit den Gegenstücken zu einem Bild zusammenzufügen. Mit den so erhaltenen Gruppen können weitere Spiele gemacht werden.

■ LATERNEN MALEN

Laufen
und malen

Die Kinder werden in drei oder vier Gruppen ein-
geteilt. An einer Wand des Raumes hängt pro Gruppe
ein großes Stück Papier und ein Stift an einer Schnur.
Die Kinder sitzen am anderen Ende des Raumes auf
dem Boden (auf einer Markierung – Teppich o.ä.).
Nacheinander darf nun jedes Kind der Gruppe zur
Wand laufen und ein Teil der Laterne malen, entweder
das Teil, das auf dem Puzzlestück zu sehen war, oder
ein Teil seiner Wahl. Dann kommt das nächste Kind an
die Reihe. Welche Gruppe malt die schönste Laterne
(evtl. auch: Welche Gruppe ist als erste fertig)?

■ LATERNENSTAFFELN

Achtung:
Wählen Sie keine zu
komplizierte Gangart,
die Holzstäbe
der Lampions könnten
sonst eine Gefahr
darstellen!

Je nach Größe des Raumes können mit den zuvor
gebauten Laternen (oder anderen vergleichbaren Gegenständen) Staffeln durchgeführt werden. Dazu denkt
man sich einen besonderen Parcours aus, oder man
wählt eine besondere Gangart, z.B. können die Lam-
penträger nur rückwärts gehen, auf Zehenspitzen oder
den Hacken o.ä.

Als besonderen Parcours läßt sich eine Lampi-
onstraße erstellen. Dazu werden viele Decken, Kissen
und andere Materialien gebraucht, mit denen man den
Parcours ausgestaltet.

Pro Gruppe wird eine Straße gebaut, die Tunnel,
unebene Bodenflächen und Winkel beinhaltet. Diese
müssen die Kinder durchqueren. Die Lampions, an
einem sicheren Ort aufgehängt, können dazu das rechte Licht liefern.

Am Ende dieses Spielzyklus bekommen die Kinder einen kleinen Papierlampion. Diese bekommt man in Geschäften, die Eisdekorationen führen, sie sehen ähnlich aus wie die Papierschirmchen.

Sonst kann man sie auch selbst anfertigen. Dazu werden als Material Schaschlikspieße und Papierschirmchen benutzt. Zum Befestigen braucht man Garn und Nadel, Kleber und etwas Tesafilm.

So macht man die Lampions selber.

Zwei Papierschirmchen ungleich weit öffnen, so daß das eine (untere) etwas kleiner ist als das andere (spätere obere). Die Stöckchen herausbrechen und die Holzenden der Speichen mit Kleber versehen. Die Schirmchen aneinanderdrücken (Holzstäbchen auf Holzstäbchen).

Durch die Stockspitzen wird ein Faden gezogen, der an dem Schaschlikspieß befestigt wird (Kleber und Tesafilm benutzen oder an dem Holzspieß mit dem Messer eine Kerbe einritzen). – Fertig ist der Lampion!!

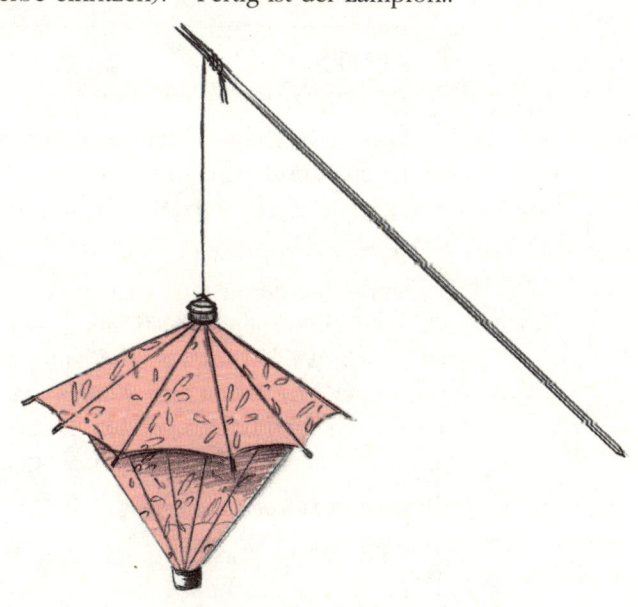

■ PUZZLEFIX

Die Puzzleteile der Laternen, die zur Gruppenbildung genutzt wurden, ergeben ein weiteres Spiel.

Veränderung ist gefragt

Alle Kinder sitzen im Kreis. Jedes Kind hat ein Puzzleteil in der Hand. Reihum können die Kinder einen Gegenstand benennen, zu dem sie dieses Puzzleteil umfunktionieren wollen. Dabei können auch zwei oder drei Kinder ihre Puzzleteile zusammentun um dann einen neuen Gegenstand zu benennen. Diese erdachten Gegenstände sollen mit Hilfe der Kärtchen (es geht auch ohne, je nach Fertigkeiten der Kinder) gemalt werden.

Gegenstände, die einen „Ton" abgeben, können „geräuschvoll" nachgemacht werden. Die Kinder können diese Gegenstände auch pantomimisch darstellen.

■ ALADIX

Das Wunderlampen-mitmach-geschichtenspiel

Diese Geschichte ist zum Vorlesen gedacht. In der normalen Schrift wird die Geschichte erzählt, in der schräg gestellten sind die Regieanweisungen zu finden.

Ihr kennt doch sicher alle Aladin und seine Wunderlampe, mit der er einen guten Geist rufen und ihn alle möglichen Dienste ausführen lassen konnte. Praktisch, nicht wahr? Dieser Aladin hatte, was nur wenige wissen, einen Neffen mit Namen Aladix. Von ihm möchte ich euch heute erzählen. Dazu bekommt jeder von euch erst einmal eine kleine Wunderlampe.

Sie verteilen die kleinen Lampions.

Seid schön vorsichtig mit den Wunderlampen. Wenn sie kaputtgehen, können auch keine Wunder mehr geschehen.

Aladix war sehr neugierig. Als eines Tages Onkel Aladin verreist war, ging er in dessen Wohnung und suchte nach der Wunderlampe. Ihr könnt euch vorstellen, wie begeistert er war, als er sie schließlich in einer prächtigen alten Kiste fand.

Und jetzt macht ihr all das, was Aladix mit der Wunderlampe macht, mit eurer kleinen Wunderlampe nach, ja?

Vorsichtig nahm Aladix die Wunderlampe in die Hand. Er stellte fest, daß sie ganz anders aussah, als er erwartet hatte. Sie besaß einen langen Stock, an dessen Spitze sich ein Band befand, an dem ein Schirm befestigt war. Aladix nahm den Stock in die eine Hand und streichelte mit der anderen behutsam über den Schirm, aber es tat sich nichts. Dann versuchte er es mit Schwingen. Einige Male wedelte Aladix den Schirm am Stock hin und her, ganz vorsichtig, damit nur ja nichts kaputt ging.

Na, könnt ihr alle euren Schirm hin und her schwingen? Laßt es mich mal sehen. Und jetzt halten wir alle unseren Schirm über unseren Kopf. Was sehen wir? Eine ganze Gruppe Schirmkinder!

Doch Aladix wollte mehr. Es mußte doch herauszufinden sein, wie man es anstellte, den guten Geist aus der Lampe zu befördern. Er nahm den Stock in eine Hand und drehte ihn zwischen Daumen und Zeigefinger. Und siehe da, der Schirm begann zu tanzen. Je mehr der Stock hin und her gedreht wurde, desto mehr tanzte der Schirm.

Könnt ihr das auch? Ja, schön, die Schirme beginnen zu tanzen – ein kleines Wunder!

Nun hielt Aladix den Stock schräg nach unten und bewegte ihn vorsichtig. Wenn er nach vorne und hinten schwang, tat es der Schirm ihm nach. Wenn er ein wenig seitwärts schwang, begann der Schirm am Band zu kreisen.

Versucht das doch auch einmal. Ihr müßt eine ganz bestimmte Bewegung hinbekommen, dann beginnt der Schirm zu kreisen. Klappt es?

Aladix versuchte noch so einiges mit der Wunderlampe anzustellen. Doch das Wunder blieb aus. Er streichelte hier und da, er versuchte den Schirm vorsichtig zu schließen …

Versucht auch ruhig ein bißchen mit der Wunderlampe zu spielen. Was fällt euch denn noch ein, mehr als dem Aladix?

… da ging plötzlich eine Tür auf und Aladin stand im Raum. Der kleine Aladix versuchte sich noch kleiner zu machen, als er schon war. Doch der Onkel hatte ihn schon entdeckt. „Was tust du denn denn hier?" rief er. „Aha, du hast den Lampion entdeckt. Und?" Dann begann der Onkel zu lachen.

„Du dachtest wohl, du hättest meine Wunderlampe gefunden. Nein, das ist sie nicht, die trage ich immer bei mir, auch auf Reisen. Das da ist der Lampion. Den darfst du behalten." So hatte Aladix zwar nicht die Wunderlampe gefunden, aber einen wunderschönen Lampion geschenkt bekommen.

Ihr dürft euren Lampion natürlich auch behalten.

■ LATERNE, LATERNE

Ein Tanz-Sing-Spiel

Laterne, Laterne,
Sonne, Mond und Sterne,
Brenne auf mein Licht,
Brenne auf mein Licht,
aber nur meine liebe Laterne nicht.

Die Kinder stellen sich im Kreis auf und fassen sich
an die Hände. Beim ersten Satz „Laterne …" gehen sie
in Tanzrichtung (gegen den Uhrzeigersinn) im Kreis.

Bei dem Satz „brenne auf …" gehen die Kinder im
Kreis aufeinander zu (der Kreis wird kleiner),
beim zweiten Mal „brenne auf mein Licht …" gehen
sie wieder zum Ausgangspunkt auf der Kreislinie
zurück und lassen sich los.

Beim letzten Satz „aber nur meine …" drehen sie sich
im Kreis um sich selbst und klatschen in die Hände.
Ab da kann der Tanz wiederholt werden.

5. Abschied

Es wird Zeit, das schöne Fest zu beenden. Alle
haben miteinander gegessen, gespielt, getanzt. Zum
Abschied bekommt jedes Kind einen Lampion mit
brennender Kerze. Dann singen alle zusammen beim
Verlassen des Hauses das allseits bekannte Lied:

Mit meiner Laterne

Ich gehe mit meiner Laterne
und meine Laterne mit mir.
Da oben leuchten die Sterne,
hier unten leuchten wir.

Teil 2

Der Tanz beginnt

Vom Tanz

Was soll hier noch groß vom Tanzen erzählt werden? Es ist alles bekannt. Kaum eine Aktion bringt Menschen näher zusammen als ein Gruppentanz. Alle bewegen sich, alle tun etwas miteinander, alle fühlen sich wohl. Tanzen ist eines der schönsten Dinge – wenn es sich nicht gerade um die Meisterschaft im Lateinameri-kanischen Paarlauf handelt. Das artet nämlich in Arbeit aus. Und wer will beim Tanzen schon arbeiten?

Kennen Sie den „Labadu"? Nicht? Dann sollten sie ihn schleunigst kennenlernen. Dieser einfache Tanz wird in allen Altersgruppen zum Ereignis. Singen Sie eine Melodie, die Ihnen gerade einfällt, ganz einfach. Alle stehen im Kreis und machen mit.

Der Text ist einfach, einfacher geht es nicht:

Tanzen wir den Labadu, Labadu, Labadu
Tanzen wir den Labadu, Labadabadu.

Sie tanzen beim Singen eine Runde, indem Sie immer den rechten Fuß zehn Zentimeter nach rechts stellen und dann den linken nachziehen. So geht es eine Runde lang, bis der Text durch ist. Aber jetzt kommt es erst.

☐ 1. Runde:
(*Sie rufen:*) „Habt ihr schon den Labadu getanzt?" Alle antworten: „Nein!" An den Händen fassen und tanzen …

☐ 2. Runde:
(*Sie rufen:*) „Habt ihr schon den Labadu getanzt?" Alle antworten: „Ja!"
(*Sie rufen:*) „Habt ihr schon den Labadu getanzt mit den Händen auf den Köpfen?" Alle antworten: „Nein!" Die Hände auf die Köpfe links und rechts und tanzen …

☐ 3. Runde
(*Sie rufen:*) „Habt ihr schon den Labadu getanzt?" Alle antworten: „Ja!"
(*Sie rufen:*) „Habt ihr schon den Labadu getanzt mit den Händen auf den Schultern?" Alle antworten: „Nein!" Die Hände auf die Schulter links und rechts und tanzen …

☐ 4. Runde: Bäuche …

☐ 5. Runde: Po …

☐ 6. Runde: Knie …

☐ 7. Runde: Knöchel …

■ STERNENTANZ

Auf den Boden des Raumes können Sie – ruhig mit Hilfe der Kinder – Sternenbilder kleben, große aus Pappe ausgeschnittene Punkte, die durch Linien miteinander verbunden sind. Jedes Sternbild (von drei bis etwa sechs Punkten) hat eine andere Farbe. Die Kinder suchen sich einen Punkt aus und stellen sich darauf. Dann fassen sich die Kinder jedes Sternbildes bei den Händen und bewegen sich auf dem Fleck.

Sie können auch mit „echten" Bildern spielen.

Erklären Sie den Kindern, um welches Sternbild es sich bei dem handelt, auf dem sie stehen. Die Kinder sollen dazu passende Geräusche finden. Beim „Großen Wagen" und dem „Kleinen Bären" geht das prima. Wie ist es aber mit dem Skorpion oder gar dem Orion? Vertrauen Sie auf die Kreativität Ihrer Schützlinge!

Vor dem großen Fest drei kleine Tänze

41

■ RAMBO ZAMBO

Die Bewegungs-
losigkeit lockern

Suchen Sie nach einem kleinen, kurzen Auflocke-
rungsspiel, das angestaute Bewegungslosigkeit abbauen
hilft? Dann legen Sie eine etwas wildere Musik (mit viel
Rhythmus) auf und machen Sie ein wenig Platz für
eine Tanzfläche. Laden Sie die Kinder ein zum Cha-
ostanz, bei dem alle nach Lust und Laune kräftig
durcheinander tanzen dürfen. Tanzschritte oder Regeln
dürfen jetzt einmal ruhig außer Acht gelassen werden.
Es gibt nur eine Bedingung: Kein Kind darf ein anderes
anrempeln. Ansonsten sollen sie sich ruhig austoben.

■ TANZMÄUSE UND ANDERE

Wie tanzt z.B.
ein Känguruh?

Jedes Kind zieht eine Karte, auf der ein Tier abgebildet ist (vielleicht aus einem Lotto- oder Memoryspiel). Dann tanzt das Kind so, wie es glaubt, sein Tier
würde sich beim Tanzen bewegen. Zuerst tanzen so
alle durcheinander.

Dann nennt ein Kind sein Tier und zeigt, wie dies
tanzt. Alle Kinder tanzen nun so, wie das erste Kind es
vorgemacht hat.

Das nächste Tier ist an der Reihe. So geht es weiter,
bis alle Tiere und ihr Tanz vorgestellt sind.

Am Schluß dürfen alle wieder durcheinander tanzen. Wenn zwei Kinder sich bei den Händen fassen, einigen sie sich darauf, welches von den beiden Tieren
sie zuerst spielen und welches danach.

Das große Sommer-Sonnenblumenfest

Wollen Sie im Sommer oder Herbst ein strahlendes, leuchtendes Fest mit Ihren Kindern feiern, dann stellen Sie es doch unter das Motto Sonnenblumenfest. Dazu wird alles gebraucht, was mit Sonnenblumen zu tun hat, die langstengligen Blumen selbst, dazu jede Menge Kerne.

Ein Motto muß her

Echte Sonnenblumen können den Raum schmükken. Außerdem brauchen Sie Bastelmaterial.

■ SELBST GEMACHT

Sonnenblumen lassen sich leicht von Kindern basteln: Gelbe Pappe oder gelb angemaltes dickes Papier wird wie eine Sonnenblume ausgeschnitten, die Mitte dunkelbraun gefärbt. Es können beliebig viele und große Blumen ausgeschnitten werden.

Sie werden verziert, indem Sonnenblumenkerne in der Mitte aufgeklebt werden. Einseitig oder beidseitig, je nach dem wozu man sie gebrauchen will.

Als Dekoration werden sie mit Tesafilm an die Wände geklebt. Zu Blumensträußen werden sie zusammengebunden, indem die einzelnen Blüten an Stäben befestigt und in große Vasen gestellt werden.

■ SONNENKINDER

Schminken Sie die Hände und später die Füße der Kinder zu Sonnenblumen. Sind die Hände geschminkt, können die Kinder versuchen, die Sonnenblumen „aufgehen" und wieder „einschlafen" zu lassen, indem sie ihre Hände langsam öffnen und schließen. Bei geschminkten Füßen legen sich die Kinder mit dem Rücken auf im Raum verteilte Decken, strecken die Füße in die Luft und zappeln. Einzelne können aufstehen und sich das wogende Sonnenblumenfeld anschauen.

Haben Sie einen schönen warmen Tag erwischt, lassen sich die Sonnenblumen auch auf die Bäuche schminken. Wie werden sie sich bewegen, wenn die Kinder dicke Bäuche machen und dann die Luft wieder einziehen? Was passiert, wenn sich zwei Sonnenblumen „küssen"?

■ SONNENBLUMENMOSAIK

Aus den Kernen können Mosaike angefertigt werden. Dazu werden sie unterschiedlich gefärbt und zu Bildern auf Pappen geklebt. Sollen verschiedene Größen erzielt werden, kann man die Sonnenblumenkerne auch mischen mit Kernen von Äpfeln, Birnen, Kürbis, Maiskörner, Leinsamen und vielem mehr.

■ SONNENBLUMENSCHMUCK

Aus den Sonnenblumenkernen lassen sich Arm- und Fußbänder oder Halsringe anfertigen. Die Kerne müssen auf einen Faden gefädelt werden; einfach mit der Nadel durch einen Kern piksen. Es können auch bunte Fäden sein. Soll der Schmuck bunt werden, lassen sich die Kerne einzeln anmalen oder der Schmuck wird nach Fertigstellung in Farben getaucht.

■ LECKERE INSELN

Es gibt in dem Raum, wo das Sonnenblumenfest stattfindet, Sonnenblumeninseln, das sind einzelne Ecken, die geschmückt sind und in denen es etwas zu essen oder zu trinken gibt, das natürlich mit Sonnenblumen zu tun hat.

Das können Schälchen mit verschiedenen Kernen zum Naschen sein, Plätzchen, die mit Sonnenblumenkernen verziert sind, belegte Brote aus Sonnenblumenkernbrot, vielleicht bestrichen mit Nutella als dunkelbrauner Blütenmitte und Blütenblättern aus Aprikosenmarmelade.

Vielleicht möchten Sie sogar eine Sonnenblumenkernsuppe erfinden. Doch beginnen sollte das Fest mit dem –

■ SONNENTANZ

Wir sind allesamt kleine Sonnenstrahlen.

Die Kinder verteilen sich entlang der Wände des Raumes und bilden langsam einen Kreis.

Da kommen ganz dicke Regenwolken auf.

Jetzt spielen vier Kinder Wolken, indem sie sich ganz groß und breit machen.

Hinter diesen Wolken verstecken sich nun so viele Sonnenstrahlen wie möglich.

Die Sonnenstrahlkinder kauern sich hinter die Wolkenkinder.

Dann aber werden die Strahlen größer und größer und durchdringen die Wolken.

Die kauernden Kinder erheben sich und treten vor die Wolkenkinder.

Die Strahlen fallen auf die Erde und vertreiben die Kälte.

Einige Kinder legen sich auf den Boden und schlottern vor Kälte. Sonnenstrahlkinder wedeln ihnen Wärme zu, woraufhin sie aufhören zu frieren.

… und bringen Wärme.
Menschen, Tiere, Pflanzen freuen sich.

Die Kinder schlüpfen nach Herzenslust in die Rolle von Menschen, Tieren und Pflanzen und lassen es sich gut gehen.

Der Text,
der vorgelesen wird,
ist in Normalschrift,
die Regieanweisungen
sind schräg gestellt.

■ SONNENSPIELE

Nach dem anstrengenden Sonnentanz ruhen sich die Kinder erst einmal ein wenig aus, gehen zu den Sonneninseln, essen ein Blumenplätzchen und trinken Sonnensaft (gelbe Limonade oder Orangensaft). Frisch gestärkt, sind sie dann sicher wieder Feuer und Flamme für ein paar kleine Spielchen.

Nach einer Erfrischung kann's weitergehen

Ein gelber Kittel, ein gelber Hut und Schal sowie ein Sonnenstrahl (aus Pappe geschnitten) sind vorhanden. Nun probieren die Kinder erst einmal aus, wie sich eine Sonnenfrau bewegt. Watschelt oder tanzt sie, kugelt sie sich herum wie die Sonne selbst?

Das 1. Sonnenspiel mit Zauberwort

Das Wichtigste aber ist: Eine Sonnenfrau wird nur lebendig, wenn man ihr ein Zauberwort zuflüstert (natürlich ein Wort, das etwas mit „Sonne" zu tun hat).

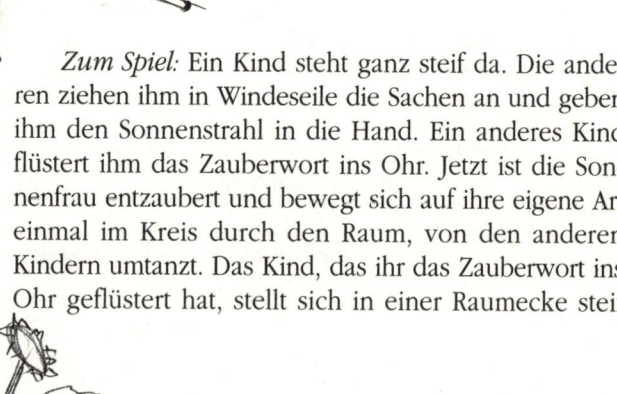

Zum Spiel: Ein Kind steht ganz steif da. Die anderen ziehen ihm in Windeseile die Sachen an und geben ihm den Sonnenstrahl in die Hand. Ein anderes Kind flüstert ihm das Zauberwort ins Ohr. Jetzt ist die Sonnenfrau entzaubert und bewegt sich auf ihre eigene Art einmal im Kreis durch den Raum, von den anderen Kindern umtanzt. Das Kind, das ihr das Zauberwort ins Ohr geflüstert hat, stellt sich in einer Raumecke steif hin. Kommt die Sonnenfrau bei ihm an, helfen alle Kinder, die alte Sonnenfrau von ihren Sachen zu befreien und die neue einzukleiden. Das Spiel wird fortgesetzt, bis alle einmal Sonnenfrau waren.

Die Sonne wäre nichts ohne ihre Strahlen: Sobald alle Kinder einmal Sonnenfrau waren, bilden sie zusammen eine Sonne: Ein Kind kugelt sich ein, die anderen legen sich als Sonnenstrahlen um es herum.

In der Mitte des Zimmers steht ein Eimer. Die Kinder bekommen die „Sonnen" – kleine Styroporkugeln – und sollten sie aus einer gewissen Entfernung (etwa zwei Meter) in den Eimer werfen. Das versuchen zuerst alle wild durcheinander, dann jedes Kind einzeln. Wer schafft es, alle Sonnen zusammenzubringen?

Das 2. Sonnenspiel: Kleine Sonnen

Ein Kind spielt den „Strahl". Alle krabbeln auf allen Vieren durch den Raum. Der Strahl versucht, ein anderes Kind am Fuß zu berühren. Ein so berührtes Kind darf sich nicht mehr von der Stelle bewegen und „schwitzt". Ein anderes Kind darf sich nun eine Sonnenmütze, die in einer Ecke liegt, holen und sie dem Schwitzenden aufsetzen. Der ist nun vor allzuviel Sonne geschützt und darf weiterkrabbeln. Doch es wird nicht lange dauern, bis der Sonnenstrahl alle Kinder zum Schwitzen gebracht hat. Dann übernimmt ein anderes Kind seine Rolle und alle krabbeln wieder los.

Das 3. Sonnenspiel: Strahlenschutz

Der Recorder steht auf dem Tisch, der Erwachsene schiebt die Kassette ein. Wenn die Musik erklingt, tanzen alle Kinder durch den Raum. Beim Stoppen der Musik erstarren alle, um beim erneuten Start der Musik wieder aufzutauen. Nun wird ein Kind nach dem anderen angetippt. Es bleibt in seiner momentanen Position stehen. Die anmutigsten Sonnenstrahlen werden beklatscht.

Das 4. Sonnenspiel: Strahlentanz

Nun wird es wieder Zeit für eine kleine Pause. Die Kinder stärken sich. Dann erzählen Sie ihnen

■ WACHSE KLEINE SONNENBLUME

Die Mitmachgeschichte

Die Sonnenblumenkerne sind noch in der Erde.

Die Kinder kauern sich auf den Boden.

Langsam wächst ein Stengel aus dem Boden.

Ein Arm wird nach oben ausgestreckt.

Der Stengel wächst höher, eine Knospe wird sichtbar.

Die Kinder gehen in die Hocke und strecken beide Arme nach oben. Mit den beiden Händen formen sie eine Knospe.

Die Sonnenblume ist groß geworden und breitet ihre Blüte aus.

Die Kinder stehen auf und breiten langsam die Arme aus.

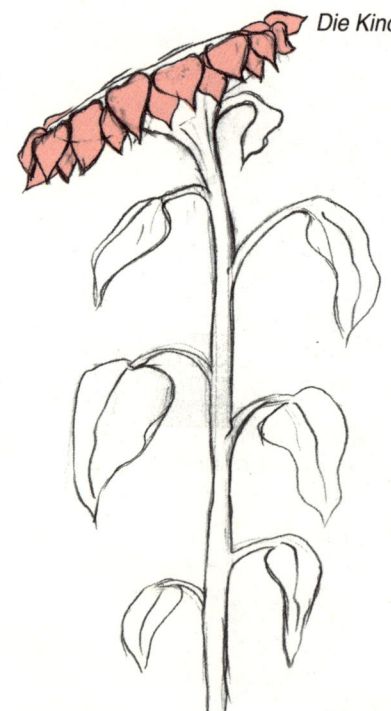

Die Sonne steht hoch am Himmel. Das freut die Sonnenblume.

Die Kinder tanzen auf dem Fleck.

Langsam geht die Sonne unter. Die Sonnenblume wird müde.

Die Kinder sinken ganz langsam in sich zusammen.

Dann schläft sie ein und träumt vom nächsten Sonnenaufgang.

Die Kinder kauern sich wieder auf den Boden.

Zum Abschluß des großen Sonnenblumenfestes gibt es noch einmal ein bißchen mehr Bewegung. Zuerst tanzen alle miteinander den Sonnenblumentanz, danach kommen auch noch die Sonnenblumenkerne zu ihrem Recht.

■ DER SONNENBLUMENTANZ

Um ein rundes dunkles Tuch (oder eine runde Pappe) in der Mitte versammeln sich die Blüten: Alle Kinder sind mit einem gelbem Kreppstirnband ausgestattet. Sie bewegen sich zum Mittelpunkt und wieder von ihm weg. Dann setzen sie sich auf den Boden, so daß die Füße am Mittelpunkt liegen, heben die Arme in die Luft und legen sich langsam auf den Rücken. Dann beugen sie sich wieder vor. Das wird einige Male wiederholt.

■ DIE SONNENLUTSCHER

Zum Abschied gibt es für jedes Kind einen Sonnenlutscher. Das können in gelbes Papier gehüllte Sesamriegel sein oder kandierte Orangenschalenstreifen.

■ KERNE KÖNNEN TANZEN!

Jedes Kind bekommt einen Pappteller, auf dem Sonnenblumenkerne liegen, etwa 20 Stück. Nun bewegen die Kinder ihre Pappteller so auf und ab, daß die Kerne auf der Pappe zu tanzen beginnen. Sie müssen sehr vorsichtig sein, damit kein Kern auf den Boden fällt. Machen Sie den Kindern vor, wie es geht.

Tanzspiele

■ GEFAHR IM DUNKEL

Sie haben eine Taschenlampe oder eine andere Lichtquelle so installiert, daß sie in der Mitte des Raumes einen kleinen Lichtkegel bildet. Der restliche Raum ist völlig abgedunkelt. Die Kinder tanzen nach Musik, wie es ihnen gefällt. Nach einiger Zeit schalten Sie die Musik aus. Nun müssen sich alle Kinder so schnell wie möglich in den Lichtkreis retten. Vorher versuchen Sie aber, einen Tänzer im Dunkeln zu fangen. Nur im Lichtkreis sind die Spieler sicher. Der erste, den Sie gefangen haben, schaltet die Musik wieder ein und das Spiel beginnt von vorne. Natürlich darf sich während des Tanzes niemand im Licht bewegen.

■ MAGNETTANZ

Alle tanzen verstreut im Raum. Sowie ein Tänzer seine Bewegung stoppt, bekommt er eine magnetische Wirkung: Alle anderen werden von ihm angezogen und jeder soll ihn berühren.

■ LICHTSTRAHLTANZ

Der Raum ist ganz dunkel. Ein Spieler erhält eine Taschenlampe. Nun verteilen sich alle anderen Kinder im Raum und stellen sich starr wie Bäume im Wald auf. Trifft einen dieser Bäume ein Lichtstrahl, erwacht er aus seiner Starre und beginnt wie ein Schmetterling im Licht zu tanzen. Wandert der Strahl weiter, erstarrt das Kind in seiner Bewegung und wartet, bis das Licht ihn wieder trifft.

HAB' ICH DICH

Die Kinder bewegen sich zur Musik im Raum. Sie selbst tanzen in der Nähe der Musikanlage oder haben die Fernbedienung in der Hand. Während des Tanzens überlegt sich jedes Kind, wen es gerne fangen möchte. Es versucht möglichst immer in der Nähe dieses Mädchens oder Jungen zu bleiben. Das muß natürlich ganz unauffällig geschehen, da sich das Kind, das gefangen werden soll, sonst immer weiter entfernen würde. Plötzlich drücken Sie die Stopptaste. Nun rennt jedes Kind los und versucht den ausgewählten Mitspieler zu fassen, bevor es selbst gefangen wird. Haben alle Kinder ein anderes gefangen oder sind selbst gefangen worden, schalten Sie die Musik wieder ein. Die Kinder lösen sich wieder voneinander und tanzen nach der Musik hin, bis der nächste Stopp kommt.

DER ZEITUNGSTANZ

Sie haben Zeitungen in einzelne Blätter zerrissen und diese auf dem Boden verteilt. Nun erklären Sie den Kindern, während der nächsten Runde müßten sie immer von Zeitung zu Zeitung tanzen. Der Fußboden dürfe auf keinen Fall berührt werden, da sonst sofort Fische nach den Füßen der Kinder schnappen würden. Von Zeit zu Zeit nehmen Sie den Tanzenden immer wieder ein Zeitungsblatt weg. Die Aufgabe der Kinder ist es, möglichst lange auf den Blättern weiter zu tanzen. Da heißt es kräftig zusammenrücken. Mit wieviel Zeitungsstücken kommen die Kinder aus?

VIER-FELDER-TANZ

Sie haben den Raum mit Tesakrepp in vier Felder geteilt. Die Kinder sollen im Laufe des nächsten Tanzes immer wieder die verschiedenen Felder durchtanzen. Diese Felder bestimmen, in welcher Weise sie durchtanzt werden dürfen: Im ersten Feld darf nur Rücken an Rücken getanzt werden, im zweiten nur auf einem Bein, im dritten wie ein schwerer Elefant und im vierten Feld alle in einem Kreis. Wenn Sie es den Kindern leichter machen wollen, markieren Sie die vier Felder. Im ersten Feld kleben Sie zum Beispiel zwei kurze Streifen nebeneinander, im zweiten ein Bein, im dritten einen Elefantenrüssel und im vierten viele Punkte in einem Kreis.

■ EIS, WASSER, DAMPF

Sie kleben mit Klebeband ein überdimensionales Thermometer auf den Boden. Es sollte so groß sein, daß die Kinder daran entlang tanzen können. Sie markieren die Gradzahlen von Null bis Hundert in Zehnerschritten auf dem Thermometer. Nun erklären Sie den Kindern, daß Wasser bei Null Grad (kleben Sie das Symbol einer Eistüte daneben) zu frieren beginnt und bei Hundert Grad (hier könnte das Symbol einer Wolke hin)

verdampft. Jedes Kind sucht sich nun eine Startposition, in der es zu tanzen beginnt. Ihre Bewegungen sollen die Kinder nach der Gradzahl richten, die auf dem Thermometer geschrieben steht. Bewegen sie sich in hohen Gradzahlen, sind die Bewegungen hektisch und schnell. Nahe der Hundertgradgrenze werden sie leicht, als ob die Kinder schweben. Im Gefrierbereich sind die Bewegungen hart und erstarren bei Null. Die Kinder wechseln im Laufe des Tanzes immer wieder die Wärmebereiche und verändern damit ihre Bewegungsformen.

■ VERSTEINERN

Alle Kinder tanzen einzeln durch den Raum. Jeder Tänzer, der von einem anderen an die Schulter getippt wird, versteinert sofort mitten in der Bewegung. Er kann erlöst werden, indem ihn ein anderes Kind an die Hand nimmt und einmal im Kreis dreht.

Oder es gibt den großen Steinbeißer. Nun erstarrt nur, wer von ihm berührt wird. Die Erlösung geschieht wie oben geschildert. Ist der Steinbeißer schnell genug, alle Tänzer erstarren zu lassen? Vielleicht hilft ihm ein zweiter großer Steinbeißer.

SCHLÄNGELN

Sie markieren auf dem Boden verschiedene Wege mit Kreppband. Die Kinder bilden drei Gruppen und sollen sich recht häufig kreuzen. Die Kinder formen in der Gruppe eine Schlange, indem sie sich an den Schultern oder um die Hüften fassen. Wenn die Musik beginnt, dürfen sich die Schlangen auf den gekennzeichneten Wegen tanzend schlängeln, ohne sie zu verlassen. Wenn zwei Schlangen sich auf einem Weg begegnen, muß eine bis zur letzten Kreuzung zurück und warten, bis der Weg frei wird.

MURMELTANZ

Sie haben verschieden farbige Murmeln verteilt. Die Kinder tanzen durch den Raum. Jedes Kind hält seine Murmel in der Hand. Immer wenn sich zwei beim Tanzen begegnen, tauschen die beiden die Murmeln aus. Nach einiger Zeit stoppen Sie die Musik. Nun müssen die Kinder, die die gleiche Murmelfarbe haben, sich finden und die nächste Tanzrunde im Kreis gestalten. Danach lösen sie sich wieder auf und tanzen alleine weiter. Der Murmeltausch beginnt von neuem.

Natürlich können Sie hiermit auch Gruppen für das nächste Spiel bilden. Oder es gibt von den verschiedenen Murmelfarben unterschiedlich viele. Dadurch entsteht ein Tanzpaar, eine Gruppe zu dritt, zu sechst und so weiter. Auch ist es eine gute Gelegenheit, den Gruppen spielerische Aufgaben zu stellen, die sie tanzend bewältigen müssen.

AUSSCHALTEN BITTE!

Die Hälfte der Kinder tanzen durch den Raum. Von ihnen hat sich jeder einen Punkt am eigenen Körper ausgesucht, an dem es ausgeschaltet werden kann wie ein Lichtschalter. Die Kinder, die gerade nicht tanzen, versuchen die Tanzenden zu stoppen, indem sie sie überall berühren und versuchen, den Schalter zu finden. Ist das bei allen Tänzern gelungen und stehen alle Kinder endlich still, dürfen sie verschnaufen. Danach ist ein Rollenwechsel angesagt.

FEEN SCHWEBEN

Dann schlüpfen die kleinen Tänzer schnell in eine andere Rolle, die der Fee. Jetzt schweben alle mit ausgestreckten Armen durch den Raum, soweit die Füße tragen. Kurz vor dem allgemeinen Abheben geben sich die Feen die Hände und tanzen – vielleicht nach einer leichten, feenhaften Musik – durch das Zimmer.

Der Tanz um die Hexenkiste

Immer nur tanzen, das ist anstrengend. In einer Bewegungspause spielen Sie einfach etwas anderes. Es könnte heißen: Der Tanz um die Hexenkiste. In einer Schachtel befinden sich Karten, auf denen kleine Bilder aus der Hexenwelt zu sehen sind, z.B.

1) Kater	5) Kuchen
2) Hexe	6) Kochtopf
3) Zauberer	7) Hexenfeuer
4) Vampir	8) Rabe

In einer Kiste, die daneben steht, findet man die dazugehörigen Gegenstände, z.B.

1) Schnurrbarthaare	5) Backpulver oder Mehl
2) Kopftuch	6) Topflappen
3) Zauberhut	7) Streichhölzer
4) Knoblauchknolle	8) Vogelfutter

... und dann heißt es suchen

Nacheinander zieht jede kleine Hexe eine der verdeckt liegenden Karten aus der Schachtel. Zum gezogenen Bild muß dann der passende Gegenstand aus der großen Kiste gefunden werden. Ganz geschickte Hexen lassen sich dazu sogar die Augen verbinden und finden den richtigen Gegenstand nur durch Ertasten.

Die Kiste, in denen sich die Gegenstände befinden, sollte so groß und hoch sein, daß die Kinder nicht sofort sehen können, was sich alles darin befindet.

Die Geschichte vom traurigen Tanzelwurm

Eine Geschichte zum Vorlesen,
der dann gut
der Tanzelwurmtanz folgen könnte

Zwei mal zwanzig Arme hat der Tanzelwurm – oder sind es Beine, oder gar Arme und Beine? Auf jeden Fall sind es auf der einen Seite zwanzig und auf den anderen noch einmal zwanzig. Macht der Tanzelwurm einen Schritt, dann stellt er zuerst sein vorderstes Bein auf der einen Seite nach vorn, dann das nächste, dann wieder das nächste und so weiter. Hat er dann endlich alle Beine auf der einen Seite nach vorne gestellt, dann beginnt er mit dem ersten Bein auf der anderen Seite, wonach das zweite folgt und so weiter. Man kann sich ja gar nicht vorstellen, wie lange ein einziger Schritt des Tanzelwurms dauert. So rumpelt und pumpelt der Tanzelwurm bergauf und bergab, von seiner Höhle unter der großen alten Kiefer bis zum See und zurück. Und das jeden Tag. Schließlich muß er sich morgens und abends waschen und vor allem seine vielen Zähne – ich glaube, es sind auch zwei mal zwanzig – putzen. Außerdem fängt er sich im See gerne sein Mittagessen. Da gibt es nämlich viele Krebse, die nur auf ihn zu warten scheinen. Er rumpelt und pumpelt also ins Wasser, stellt sich auf zehn Beine auf der einen und zehn Beine auf der anderen Seite. Mit den restlichen Beinen – oder sind es doch Arme – gräbt er die Krebse aus. Dann reicht ein Bein dem nächsten und so weiter den Krebs nach vorne, bis er am Tanzelwurmmaul ankommt und

hineingesteckt wird. Der Tanzelwurm kaut einmal, schmatzt einmal und schluckt einmal. Dann stöhnt er: „Wunderbar!"

Eines Tages aber, und das liegt noch gar nicht so lange zurück, wachte der Tanzelwurm in seiner Höhle unter der großen alten Kiefer auf, räkelte sich und gähnte, um sich dann seine Strümpfe anzuziehen. Ihr müßt

55

wissen, Tanzelwürmer ziehen sich immer Strümpfe an, bevor sie losrumpeln und pumpeln. Und wenn ihr euch jetzt noch vorstellt, wie lange es dauert, bis man sich zwei mal zwanzig Strümpfe angezogen hat, dann wißt ihr auch, daß der Tanzelwurm fast den ganzen Tag braucht, bis er sich geräkelt, gegähnt, sich zwei mal zwanzig Strümpfe angezogen hat, zum See hinunter gerumpelt und gepumpelt ist und, im Wasser angekommen, seine Krebse fängt, sie nach vorne bis zum Maul gibt und dann kaut und schmatzt und schluckt und sich schließlich wieder zurück auf den Weg zu seiner Höhle macht, wo er unter großem Stöhnen seine zwei mal zwanzig Strümpfe auszieht und dann endlich schlafen gehen kann.

Was soll ich euch sagen, er begann sich also seine Strümpfe anzuziehen, erst den ersten auf der einen Seite, dann den zweiten und dann den … ihr wißt schon. Doch dann geschah es. Beim letzten Bein oder Arm oder was weiß ich angekommen, fand er keinen Strumpf mehr. Zunächst grunzte er vor sich hin: „Du wirst langsam alt, Wurm, findest deine eigenen Strümpfe nicht mehr."

Dann aber wand und drehte er sich, suchte die ganze Höhle von vorne bis in den hintersten Winkel ab. Kein Strumpf da. Nein, kein Strumpf mehr zu finden. Da legte er sich erschöpft wieder auf den Bauch und

dachte nach. Schließlich kam er auf die Idee, daß er vielleicht an ein Bein oder einen Arm zwei Strümpfe gezogen hatte. Also mußte er zwei mal zwanzig Beine oder Arme nachsehen. Er tat es, wenn auch unter gräßlichem Stöhnen, weil ihn das ziemlich anstrengte. Nichts! Kein doppelter Strumpf an irgendeinem Arm oder Bein. Der Strumpf war – und blieb weg.

„Nun ja, nichts zu machen", grummelte der Tanzelwurm vor sich hin und rumpelte und pumpelte aus seiner Höhle. Vorsichtig setzte er Bein vor Bein. Doch schon nach den ersten Schritten merkte er, wie kalt sein Fuß – oder seine Hand? – ohne Strumpf wurde und wie spitz die Steine und Wurzeln waren, über die er lief. Ihm wurde kälter und kälter. Schließlich hielt er's nicht mehr aus, ringelte sich zusammen und schaute traurig und sehnsüchtig zum See hinunter.

Plötzlich, er war wohl in seinem Kummer eingenickt, weckte ihn eine Stimme: „Guten Morgen, Herr Wurm. Warum sind Sie denn nicht am See?"

Der Tanzelwurm schaute sich um und sah eine Briefgrille auf seiner Schulter sitzen. „Ach", meinte er, „das ist eine lange Geschichte. Was wollen Sie denn hier, Frau Grille?" „Ich habe eine Einladung für Sie. Heute abend findet doch unser Bergundtalfest statt. Da sind Sie natürlich auch willkommen. Hier ist der Brief!"

Umständlich öffnete der Tanzelwurm seinen Brief und hielt sich das
Blatt nah vor die Augen, damit er die
Buchstaben erkennen konnte. „Großes
Bergundtalfest", stand da, „alle Mitbe-
wohner sind herzlich eingeladen. Für
Speise und Trank ist gesorgt. Kommt
also bei Sonnenuntergang zur Buchenwiese." „Ach Gottchen", stöhnte der
Tanzelwurm, „wie soll ich da bloß
hinkommen?" „Was ist denn das Pro-
blem?" fragte die Briefgrille. „Ja, wissen Sie, ich habe einen Strumpf verlo-
ren. Und so kann ich unmöglich bis
zur Buchenwiese kommen. Mein Fuß
würde sicherlich erfrieren." „Und wie
wäre es, wenn Sie den Fuß hochhal-
ten würden?" „Aber das geht doch
nicht," schnaufte der Tanzelwurm
empört. „Das ist völlig unmöglich.
Dann könnte ich ja gar nicht mehr
rumpeln und pumpeln. Nein, das hat
noch nie ein Tanzelwurm gemacht."
„Na dann …" Die Briefgrille zog ihre
Stirn in Falten und dachte angestrengt
nach. „Na dann …"

So schwiegen beide eine Zeitlang,
der Wurm traurig, die Grille nach-
denklich. „Ich hab's!" Aufgeregt tanzte
die Grille auf der Schulter des Tanzelwurms herum. „Ich hab' die Lösung!"
„Da bin ich aber gespannt," meinte
der Tanzelwurm voller Hoffnung. „Eigentlich ganz einfach. Sie rumpeln
und pumpeln wie sonst. Beim ersten
Schritt hat Ihr erster Fuß keinen
Strumpf an. Beim zweiten Schritt

geben Sie den Strumpf vom zweiten
Bein an das erste weiter, beim dritten
Schritt den Strumpf vom dritten Bein
an das zweite und so weiter. So wird
bei jedem Schritt ein anderer Fuß kalt,
aber nur kurz. Verstehen Sie?"

Der Tanzelwurm dachte kurz nach
und stellte sich vor, was ihm die Briefgrille riet. Dann hatte er es kapiert
und begann zu strahlen. „Das ist ja
toll, Frau Grille. Vielen Dank. So mach
ich's. Prima. Wunderbar." Er konnte
sich gar nicht beruhigen.

Unter den wachsamen Augen der
Grille versuchte er dann die ersten
Schritte, und wirklich, es ging, gut
sogar. Also rumpelte und pumpelte
der Tanzelwurm, die Briefgrille auf der
Schulter, glücklich zum See, um sich
zu waschen, die Zähne zu putzen, ein
wenig zu essen und dann zur Buchenwiese zu laufen.

Der Tanzelwurmtanz

Das Fest der Waldbewohner gefiel dem Tanzelwurm sehr gut. So gut, daß auch er begann zu tanzen. Wollen wir doch einmal ausprobieren, wie er tanzt.
Stellt euch erstmal alle hin, dahin, wo ihr wollt. Aber ihr müßt ein bißchen Platz haben. Steht ihr alle? Dann setzt doch jetzt ein Bein nach vorne. Gut so – und jetzt das andere. Versuchen wir das zu meinem Händeklatschen.

Sie klatschen in die Hände, etwa einmal in der Sekunde (sagen Sie in den Pausen langsam „Einundzwanzig"). Bei jedem Klatschen bewegen die Kinder ein Bein vor.

Das klappt ja prima. Jetzt schaut alle zur Wand mit unserem schönen Wetterbild. Und nun versuchen wir es noch einmal. Ihr beginnt mit dem Bein auf der Fensterseite. Marco, zeig uns mal das Bein auf der Fensterseite. Gut. Faßt einmal alle das Bein auf der Fensterseite an. Ja, genau. Nun stellt euch hin. Bei meinem ersten Klatschen macht das Bein auf der Fensterseite einen Schritt nach vorne, beim zweiten Klatschen das andere Bein. Los geht's!

Die Kinder laufen zu Ihrem Klatschen. Wenn das einigermaßen geht, bilden Sie Gruppen zu etwa sechs Kindern. Die Kinder einer Gruppe stellen sich hintereinander und legen dem vorderen Kind die Hände auf die Schultern. Das jeweils erste Kind formt mit den Händen ein Tanzelwurmmaul. Klatschen Sie wieder und lassen Sie die Würmer ein wenig hin und her rumpeln. Versuchen Sie, dazu eine Musik aufzulegen, damit die Kinder den Rhythmus finden.

Schlagen Sie noch andere leichte Gangarten vor, etwa einen Schritt zur Seite, ein Bein leicht hochheben etc.

Am Schluß formen Sie einen riesengroßen Tanzelwurm, der jetzt auch den Raum verlassen und durch das Haus rumpeln kann …

Teil 3

Ein Fest
für unsere Augen

Vom Auge

Was wären wir ohne unsere Augen? Sie sind einer unserer größten Schätze. Mit ihnen können wir die Welt wahrnehmen, die Natur erleben, andere Menschen erkennen. Sie helfen uns bei Arbeit und Spiel. Lassen Sie hier die Kinder weiter erzählen, was unsere Augen alles können.

Dann beginnen Sie mit ein paar leichten Spielen, etwa Kimspielen, also Spielen zur Wahrnehmung. Lassen Sie die Kinder ein Auge schließen und so die beiden Zeigefinger zusammenführen. Oder beide Augen werden geschlossen und Sie fragen nach der Farbe des Bodens, der Wände und so weiter. Oder Sie spielen ganz einfach „Ich sehe was, das du nicht siehst …"

In diesem Abschnitt folgen viele kleine Spiele und Ideen rund um das Auge. Am Ende steht eine Geschichte zum Vorlesen, in der es um „Augentierchen" geht.

Ein Jahr in Bildern

Als Material für dieses schöne Augenspiel mit Erinnerungswert benötigen Sie einen Gymnastikreifen oder einen großen, verzweigten Ast, Haken, Schnur, Kreppband in Grün, Gelb, Braun, Weiß, bunte Wolle, Naturmaterialien und Fotos.

Die Kinder umwickeln den Gymnastikreifen mit bunten Bändern. 1/4 Kreis weiß (Winter) 1/4 grün (Frühling) gelb (Sommer) braun (Herbst). Der Reifen wird mit den Haken und der Schnur an die Decke gehängt. Haben Sie einen Ast, teilen sie ihn in vier gleich große Teile ein und umwickeln diese ebenfalls. Nun schmücken alle die entsprechenden farbigen Flächen mit Naturmaterialien oder Basteleien aus der momentanen Jahreszeit. Im Laufe des Jahres füllen Sie den Ring immer mehr. Zwischen den verschiedenen Dingen werden Fotos aufgehängt, die während des Jahres mit den Kindern entstehen. Am Ende des Jahres haben Sie dann einen Jahresring, der allen zeigt, was Sie gemeinsam erlebt haben.

Die Farben im Jahreskreis

Augen auf ...

Eine von den Kindern selbst erdachte oder gelesene Geschichte wird mit dem Tageslichtprojektor ,an die Wand geworfen'. Die Kulissen, wie z.B. Häuser, Bäume und vieles mehr, sind aus Papier ausgeschnitten und liegen auf der Projektionsfläche. Tiere oder andere bewegliche Figuren haben nach unten hin einen Stiel oder festen Pappstreifen angeklebt bekommen, an denen sie von den Spielern geführt werden können. Einige Kinder erzählen die Geschichte, während andere dazu spielen.

... die Wand

Genau hingucken muß man schon bei diesem Spiel. Denn jetzt sollen Pflanzen im Schattenbild erkannt und zugeordnet werden. Kleineren Kindern

... die Pflanzen

kann geholfen werden, indem sie vorher die Pflanzen in natura angucken und befühlen können. Ältere können es eigentlich umgekehrt schaffen. Die Blätter erscheinen hinter dem Tuch, werden von einer starken Lampe angestrahlt.

... die Spuren

Noch schwieriger wird es, Tierspuren zu erkennen. Pferdehufe sind ja noch relativ einfach, aber wie sieht die Spur von einem Reh oder einer Kuh aus? Kann man denn die Abdrücke von Spatzen von denen eines Huhns unterscheiden. Die einer Ente zu erkennen ist wieder ganz einfach, oder?

Wem gehört das blaue Auge?

Für dieses kleine aber feine Wahrnehmungsspiel brauchen Sie ein undurchsichtiges Leintuch mit einem kleinen Loch in der Augenhöhe von Kindern.

Sie befestigen das Leintuch mit Reißnägeln an der Decke oder mit Wäscheklammern an der Teppichstange. Hinter dem Leintuch steht ein Kind. Die anderen einigen sich, wer sein Auge an das Tuch halten darf, damit das Kind hinter dem Leintuch es erraten kann. Die anderen achten nur darauf, daß nur das Auge durch das Loch schaut und nicht etwa die Augenbraue oder die Nasenspitze mehr von dem Gesicht verrät. Das Kind auf der anderen Seite muß jetzt das Kind mit Namen erkennen, dessen Auge es sieht. Das ist gar nicht so einfach, wie wir alle nun nacheinander merken werden. Noch schwieriger wird es, wenn durch das Loch eine Nase oder gar ein Ohr schaut. Wenn der Spieler die richtige Person erkannt hat, darf ein anderer sein Glück versuchen.

Bilderkunst

Hierzu wird ein großer Bogen Papier an der Wand befcstigt. Auf dieses Papier wird ein x-beliebiges Bild projiziert. Zwei Kinder malen nur Ausschnitte aus dem Bild mit dicken Wachsmalstiften nach. Vielleicht nur den Arm eines Menschen, die Tür eines Hauses, die Krone des abgebildeten Baumes. Dann wird das Licht ausgeschaltet. Zu sehen sind jetzt nur die „kopierten" Sachen.

Können jetzt andere Kinder aus der Erinnerung heraus das Bild vervollständigen? Bei kleineren Kindern fängt man besser mit einfachen Motiven an: ein Teddybär, ein Ball, eine Ente, eben die typischen Bilddarstellungen von ersten Bilderbüchern. Die Bilder zu ergänzen ist für die Kleineren schon eine tolle Leistung. Größere Kinder kann man mehr fordern. Wie sie manche Erwachsene beim Memoryspiel schlagen, werden sie auch hier aus der Erinnerung heraus das Bild gut vervollständigen können.

PUSTEBILDER

Ein Spiel, das ein Kind alleine oder mit anderen zusammen spielen kann: Auf ein Blatt Papier werden ein paar Kleckse Tinte getropft. Mit einem Strohhalm (es geht auch ohne) pusten die Kinder nun von allen Seiten auf den Farbklecks. Dabei entstehen ganz interessante Muster. (Nur aufpassen bei empfindlichen Kindern: Das intensive Pusten kann „in den Kopf steigen", zur Hyperventilation führen!) Wenn das Muster nicht allzu verwirrend ist, sondern eine recht klare Linienführung zu erkennen ist, kann eine Memoryaufgabe folgen: Wer schafft es denn, das Muster aus dem Kopf so einigermaßen nachzuzeichnen?

BALLON-PRUSTEBILDER

Das ist ein Matschspaß für warme Sommertage. Die Kinder tragen am besten gar nichts oder nur Badesachen. Ein Luftballon wird mit Farbpigmenten und Wasser gefüllt. Zuerst kommt das Farbpulver in den Ballon, dann wird das Wasser wie bei Wasserbomben am Wasserhahn aufgefüllt. Das Ganze wird mit den Fingern zugedrückt, gemischt. Die Tülle wird über ein Blatt Papier gehalten, dann geöffnet. Durch den Druck verteilt sich die Farbe auf dem Papier und zaubert wunderschöne Bilder.

RUBBELBILDER

Um Konturen und Strukturen geht es bei dieser Technik. Ein Kind versteckt verschiedene flache Gegenstände unter einem Blatt Papier, z.B.: Fäden, Büroklammer, Feder, Münzen, Spielstein, Baumrinde, Blume, Gräser etc. Das andere Kind rubbelt mit einem weichen Bleistift oder mit Wachsmalstiften über das Blatt. Die Konturen der darunterliegenden Gegenstände zeichnen sich ab. Erkennt das Kind, was das sein könnte?

KOHLEPAPIERRÄTSEL

Ein Kind legt zwischen zwei Blätter ein Blatt Kohlepapier. Allein die Tatsache, das ihr Gemaltes noch einmal erscheint, ist schon für sich eine faszinierende Sache (an Malkittel denken, das Papier schmiert). Das Kind kann nach dem Ausprobieren auch anderen ein Rätsel stellen: Es malt ein Bild, nimmt dann das Kohlepapier und das untenliegende Blatt fort und fügt dem oberen Bild einige kleine Details zu. Dann gibt es beide Blätter einem anderen Kind. Das versucht, die Unterschiede herauszufinden.

GEHEIMNISVOLLE ZEICHEN

Wer mit Kleber einfache Muster auf ein Papier malt, hat schon allein an diesem Tun Spaß. Nach dem Trocknen können unterschiedliche Sachen damit passieren. Man kann sein Privatvergnügen daran haben, indem man das Papier mit Wasserfarben anmalt. Die Farbe perlt von dem Kleber ab, hinterläßt eine interessante Struktur.

Ähnlich wie Blinde mit ihren Fingern lesen, kann das Blatt mit dem Klebemotiv auch einem anderen Kind gegeben werden. Das versucht nun mit geschlossenen Augen herauszufinden, welches Motiv sich auf dem Papier befindet. Am besten fängt man mit einfachen Motiven an, vielleicht mit einem Dreieck, einem Kreis, einer Sonne, Sternen, Schiff, Fisch o.ä. Mit zunehmender Übung gelingen auch schwierigere Motive.

PRICKELBILDER

Wer keinen Kleber verwenden will, kann solche Fühlbilder auch mit Prickelnadeln, Filzmatte und Papier herstellen. Das Kind malt ein Motiv auf, prickelt mit der Nadel in kleinen Abständen an der Linie entlang das aufgemalte Motiv nach. Auf der Rückseite treten keine Erhebungen aus dem Papier. Diese Seite legt das Kind seinem Spielgefährten hin. Wie oben beschrieben, versucht dieses, nur mit den Händen herauszufinden, was auf dem Bild abgebildet ist.

KERZENBILDER

Noch schwieriger ist es, wenn die Strukturen nicht so klar herausstehen: Wenn man nämlich mit weißen Kerzen auf weißes Papier malt. Um das herauszufühlen, muß man schon echtes ‚Fingerspitzengefühl' besitzen. Aber man kann es ja auch als Überraschungspaket seinem Mitspieler schenken. Dieser nimmt dann nämlich Wasserfarbe und malt über das ganze Blatt. Auch hier perlt die Farbe von dem fettigen Wachs ab und es erscheint das Gemalte. Wer schon lesen kann, kann auch so einfache Geheimbotschaften übermittelt bekommen. Oder die Mutter malt einen Teller mit dampfenden Speisen, um ihr Kind so zum Essen einzuladen. Oder das Kind malt einen Ball, um das andere zum Ballspielen aufzufordern. Oder der Erwachsene malt ein Bett, um an den Mittagsschlaf zu erinnern …

■ FARBKREISEL

Daß Farben sich durch Bewegung verändern, ist für viele Kinder eine faszinierende Feststellung. Es gibt einige schöne Spiele, wo das beobachtet werden kann. Bei einem wird z.B. ein Bierdeckel von einer Seite mit einem weißen Papier beklebt. Darauf kann das Kind ein tolles Muster malen, ob gestreift, oder gepunktet oder kunterbunt ist ihm überlassen. Auf die Rückseite wird mit dem Bleistift und Lineal mit zwei Strichen ein Kreuz gezeichnet, so daß man den Mittelpunkt des Bierdeckels bestimmen kann. Durch diesen Mittelpunkt wird der Bleistift gebohrt. Die Spitze zeigt nach unten, das farbige Bild nach oben. Dreht man den Kreisel zwischen den Händen oder zwischen Mittelfinger und Daumen und läßt dann den Kreisel los, kann man beobachten, wie sich die Farben und Muster ändern. Manche Kinder können das mit einer bewundernswerten Ausdauer.

Etwas komplizierter ist es, wenn man beide Seiten des Bierdeckels mit weißem Papier beklebt und bemalt. Wird dann ein fester Faden an zwei sich gegenüberliegenden Deckelrändern befestigt und der Deckel durch schwingende Armbewegungen aufgedreht, dann kann der Deckel zurückschnippen, wenn man die Arme auseinanderstreckt und die Fäden so strammzieht. Der Deckel dreht und wirbelt um sich selbst, die aufgemalten Muster verändern sich.

Märchen mal anders gesehen

■ ASCHENPUTTEL

Aschenputtels Kleid fasziniert wohl viele kleine Mädchen. In ihrer Phantasie wird es immer schöner, je öfter sie das Märchen hören. Jetzt gestalten sie es selber.

Ein Kind legt sich auf einen großen Bogen Papier. Seine Körperkonturen werden mit einem Stift nachgezeichnet. Ein Kind malt das Gesicht, die anderen entwerfen das Kleid. Entweder gestalten viele Kinder gleichzeitig das kunterbunte Kleid. Oder sie können nacheinander untereinander die verschiedensten Muster des Kleides aufzeichnen.

Kleider gestalten

Noch schöner sind natürlich echte Kostüme. Vielleicht können alte Kleider der Eltern umgewandelt werden. Manchmal genügt ein breiter Gürtel, um aus einem Glitzer-T-Shirt ein edles Gewand zu machen. Auch einfache Stoffe können mit Stoffmalstiften und Glitzer-Stoffstiften veredelt werden. Klebt man einen glatten Stoffstreifen auf Pappe, die so lang ist wie der Bauchumfang und läßt den Stoffstreifen an beiden Enden ca. 30 cm überhängen, kann der Gürtel zu einer wundervollen Schärpe geknotet werden. Den Gürtel selber verzieren die Kinder mit den Glitzer-Stoffstiften.

Ein Gürtel oder eine Schärpe wirken immer

MASKEN

Die Masken können aus Pappe hergestellt werden. Der richtige Blick ist wichtig, sonst ist die ganze Maske „für die Katz". Die Pappe wird auf das Gesicht gehalten, vorsichtig mit einem Bleistift der Sitz der Augen markiert, bevor die Augenlöcher mit einer kleinen Schere ausgeschnitten werden. Dann am besten noch einmal nachprüfen und eventuell korrigieren. Jetzt kann die Maske in den tollsten Farben angemalt werden. Die Augenränder werden mit Kleber umstrichen. Auf den noch feuchten Kleber kommt Glimmer oder kleine bunte Federn. Das macht den Träger geheimnisvoll.

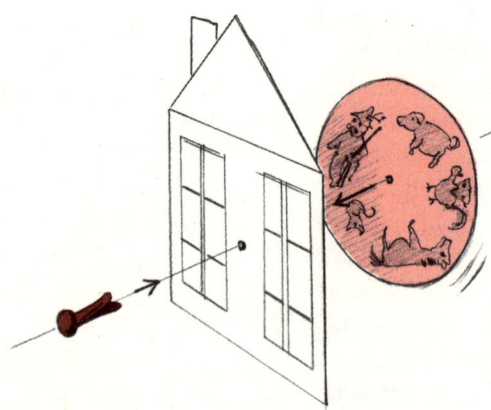

BREMER STADTMUSIKANTEN

In dem Haus der Räuber geht es ja sehr turbulent zu, nachdem die vier Freunde darin Einzug gehalten haben. Und wie friedlich wirkt es doch von außen. Der Schein trügt. Sobald der Räuber das Haus betritt, flattert der Hahn auf, die Katze springt ihn an, der Esel versetzt ihm einen Tritt.

So ist es auch hier. Das äußere Haus wirkt so normal. Aber hinter dem vorderen Haus befindet sich eine Drehscheibe, auf der die Tiere abgebildet sind. Wird die Scheibe gedreht, erscheinen immer neue Gestalten in den Fenstern.

Das Haus entsteht aus einer großen weißen Pappe (mindestens DIN A4). Es kann als Räuberhaus gestaltet werden. Die Fenster sind groß. Sie werden ausgeschnitten. Die zweite Pappe wird zu einem Kreis geschnitten, er schließt mit den Rändern ab. Das Haus mit den ausgeschnittenen Fenstern wird auf den Kreis gelegt. In die Fenster zeichnet man nun den Hund, den Esel, den Räuber, die Katze und den Hahn. Man kann auch mehrere Räuber malen, einer guckt ganz vorsichtig, dem anderen steht die Angst im Gesicht geschrieben … Eine Musterklammer wird genau durch die Mitte des Hauses und der Pappscheibe gebohrt und auf der Rückseite auseinandergeklappt. Wenn man an der Scheibe dreht, erscheinen und verschwinden die Gestalten am Fenster des Hauses.

■ FETTAUGEN FISCHEN

In einer Schüssel mit lauwarmen Wasser schwimmen Fettaugen. Dies sind Eiswürfel, mit Wasserfarbe gelb eingefärbt. Alle Kinder haben zwei Kaffeelöffel, die sie verkehrt herum halten. Mit den Stielen versucht nun jedes Kind, soviel Fettaugen wie möglich herauszufischen.

■ BULLAUGE FANGEN

Jedes Kind bekommt mit einem Tuch ein Auge verbunden. Jetzt sind alle Piraten. Mit dem sehenden Auge schauen sie durch Klopapierrollen und versuchen zu sehen, wo der Oberpirat herumläuft. Der will alle anderen fangen. Ist ein Pirat gefangen, gehört er zur Mannschaft des Oberpiraten und fängt die anderen mit.

■ DER KLEINE MUCK

Der Turban des kleinen Muck oder anderer Gestalten aus dem Orient reizt viele Kinder. Es ist für sie nur zu schwer, selber einen zu machen. Denn andauernd fallen sie wieder auseinander, der Stoff will nicht halten.

Einfacher wird es, wenn man einen Luftballon aufbläst, bis er die Größe eines Kinderkopfes hat. Entweder wird die Hälfte des Ballons mit Papierstreifen beklebt, die vorher mit Tapetenkleister bestrichen wurden. Oder man bestreicht direkt Stoffstreifen mit Kleister und umhüllt die Hälfte des Ballons damit, weil nicht jeder Kleber sich mit dem Luftballon verträgt, sie eher zum Platzen bringt. Mit dem Fön kann die Schicht getrocknet werden. Der Ballon wird aufgeschnitten. Die Schichten sind jetzt hart und können mit Stoffstreifen umhüllt werden. Jetzt hält jeder normaler Haushaltskleber. Ist der Turban fertig, kann er auch noch farbig gestaltet und mit Federn versehen werden.

Nach dem gleichen Prinzip kann man natürlich auch die prachtvollsten Hüte herstellen. Es kann mit Stoffresten, verschiedenen Papieren, Federn, Moos, Drähten, Blättern, Glimmer und Glitzer gearbeitet werden – die Phantasie kennt keine Grenzen.

Gestalten von Wänden

■ DAS MAGISCHE BILD

Auf eine große Pappe wird ein Bild gemalt z.B. ein großes Meer. Zieht man an einem Streifen, der seitlich aus der Pappe heraussteht, erscheinen auf dem Bild Fische, die sich im Meer tummeln, Seesterne, Algen, Bootswrack, Schätze u.a.m.

Wie das geht? In die Pappe werden mit einem Cutter vier senkrechte Schnitte gemacht, die ca. 2 cm vom oberen und unteren Rand aufhören. Durch diese Streifen wird eine zweite Pappe „gewebt", auf die vorher die Tiere und Gegenstände, die zum Meer passen gezeichnet wurden. Auch der Hintergrund ist in dem selben Blau gemalt. Am besten kennzeichnet man sich vorher mit dem Bleistift den Raum, in dem das Verborgene gezeichnet werden kann. Zieht das Kind nun an dem Streifen, wird das vorher Verborgene sichtbar.

Natürlich können auch andere Motive gewählt werden: Nachthimmel, auf dem plötzlich Sterne, Mond und Satelliten erscheinen, Autorennbahn mit Rennwagen, Wiese mit Blumen und Kühen …

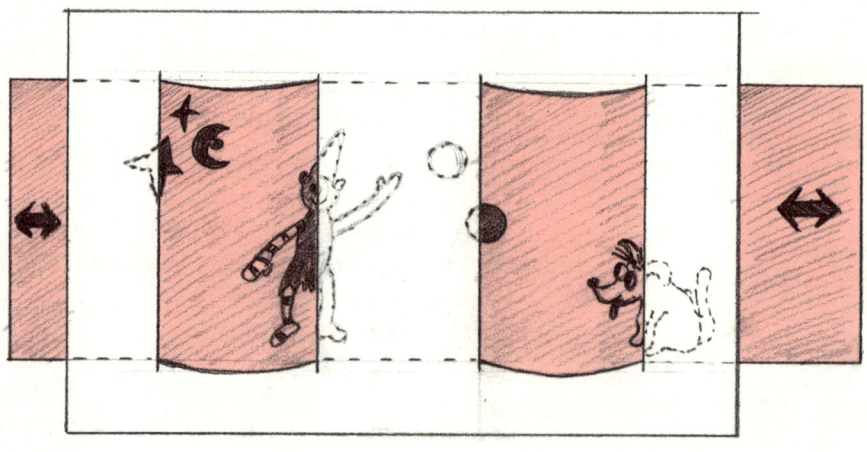

■ SUCHBILD

An der Wand ist ein großer Bogen Papier befestigt. Ein Kind stellt sich davor, ein anderes ummalt seine Körperkonturen. Dann malt es die Figur an, wobei es zwei bis drei Fehler einbaut, die die anderen dann herausfinden müssen, z.B. bekommt ein Junge Ohrringe, ein blondes Kind erhält braune Haare, eine Haarschleife anstelle des Haarreifens etc.

■ FENSTERBILDER

In einer Ecke des Raumes ist eine große Fensterscheibe aufgestellt. Ein Kind hockt auf der einen Seite der Scheibe, das andere auf der anderen Seite. Beide haben einen Malkittel an, beide haben Fingerfarben. Jetzt heißt es für das eine Kind: gut aufpassen! Es malt nämlich genau das, was das andere vor malt von seiner Seite nach. Dabei benutzt es die gleichen Farben. Muster sind fast noch schwieriger als Figuren!

■ STERNENHIMMEL

Die Gute-Nacht-Geschichte zum Ausklang des Tages oder Festes kann auch ganz besonders gestaltet werden.

Von der Decke des Raumes hängen Umschläge mit Sternen. In den Umschlägen stecken Zettel mit jeweils fünf Worten drauf. (Oder auf der Rückseite der Sterne stehen die einzelnen Worte geschrieben). Ein Kind wählt einen Umschlag aus und bekommt die Wörter vorgelesen. Zusammen erfinden jetzt alle eine Geschichte, in der die Worte vorkommen.

Oder das Kind zeigt auf einen Stern. Das Wort, das darauf steht, wird die Hauptfigur der Geschichte. Einer fängt an zu erzählen, andere spinnen weiter. Dann zeigt ein Kind auf einen anderen Stern und das Wort muß irgendwie in die Geschichte eingebaut werden.

Das Erzählen ist für viele Kinder erst einmal ungewohnt. Wenn die Erwachsenen mit gutem Beispiel vorangehen, wird es das Kind bald lernen. Es können ihm Starthilfen gegeben werden, indem der Erwachsene so tut als wisse er mit der Geschichte nicht weiter. Meist haben die Kinder in ihrer Phantasie schon eine Lösung bereit, die die Geschichte weitertreibt. Das macht es auch für die erwachsenen Erzähler spannender, wissen sie doch auch nicht, was sich das Kind gerade ausdenkt. Und das sind meistens sehr humorvolle Gedanken, die die „Kleinen" so haben.

■ MINIKINO

Um einen Bleistift sind vier Bilder geklebt (s. Abb.). Sie werden vorher in der Mitte gefaltet und vorsichtig aneinandergeklebt. Dabei bleibt ein Loch in der Mitte, durch das dann der Stift gesteckt wird. Dreht man den Bleistift zwischen den beiden Händen, bewegt sich das Kino, die Bilder bewegen sich.

Es werden vier gleich große quadratische Papiere für diesen Spaß gebraucht und ein Rundholz (oder Bleistift). Auf jedes Blatt wird ein Tier oder ein Mensch oder eine Figur gemalt, die vier unterschiedliche Bewegungen macht, z.B.:

1. Bild: Das Kind spielt mit dem Ball, der auf dem Boden liegt.
2. Bild: Das Kind wirft den Ball in die Luft.
3. Bild: Der Ball bleibt in der Dachrinne liegen.
4. Bild: Das Kind holt mit einer Leiter den Ball herunter.

Oder:

1. Bild: Ein Vogel sitzt auf einem Nest.
2. Bild: In dem Nest liegt ein Ei.
3. Bild: Aus dem Ei guckt ein Küken.
4. Bild: Das Küken ist ganz aus dem Ei geschlüpft.

■ SPIEGLEIN, SPIEGLEIN

An der Wand hängt ein Spiegel, auf den mit Fingerfarbe ein gezwirbelter Schnurrbart, ein wuscheliger Bart, abstehende rote Haare, Lockenwickler, abstehende Ohren o.ä. gemalt sind. Guckt das Kind in den Spiegel, sieht es sich total verändert.

■ ZERRBILDER

Mit glänzenden Blechen kann dieses Vergnügen, an dem schon unsere Großeltern Spaß hatten, hergestellt werden. Sie werden entweder nach außen oder nach innen gebogen an die Wand gestellt. Biegt man es nach außen und stellt sich dann davor, hat man plötzlich einen ganz dicken Bauch. Was passiert, wenn das Blech nach innen gebogen ist. Das muß doch gleich mal ausprobiert werden.

Alle Augen warten auf dich

Eine Geschichte zum Vorlesen

Es war die Zeit der großen Wanderung. Einmal im Jahr, während der Simawablüte, ziehen die Augentierchen in kleinen Gruppen zum tiefen Dickicht. Sie suchen sich die schönsten Simawas aus, setzen sich im Kreis um sie herum und lassen sich von dem betäubenden Duft der Blüten bezaubern. Dann wiegen sie ihre kleinen Körperchen hin und her, bis alle in die gleichen tanzenden Bewegungen verfallen. Acht Tage und acht Nächte tanzen die Lichterketten. Am neunten Tag teilt sich jedes Auge in zwei kleine, blitzende Äuglein. Danach wandern sie gemeinsam zurück zu den Lichtungen am stillen See.

Eines Jahres aber geschah etwas vollkommen Unvorhergesehenes, ja Erschreckendes. Ungeduldig warteten die Augentierchen am stillen See, daß der Duft der Simawablüten sie zur großen Wanderung riefe. Doch der süßlich-sanfte Geruch blieb aus. Die Augentierchen wurden immer unruhiger, in manchen Gruppen kam es sogar zu kleinen Streitereien, eine gänzlich ungewöhnliche Geschichte. Schließlich besannen sie sich auf die Weisungen der Mütter. Jede Gruppe bestimmte ein Mitglied aus seiner Mitte. Die Auserwählten setzten sich in der großen Mulde am Rubinberg zusammen und beschworen mit ihrem Gesang Himmel, Erde und Wälder, die Simawas aus ihren Träumen zu holen und die Blüte beginnen zu lassen.

Bis zur Erschöpfung sangen die Augentierchen, doch der ersehnte Duft blieb aus. Angst beschlich das kleine Völkchen. Endlich erboten sich einige von ihnen, die beschwerliche Wanderung auch ohne Hilfe des lebenspendenden Duftes anzutreten. Sie brachen auf und brauchten lange für den Weg. Mit letzter Kraft erreichten sie das Simawa-Dickicht. Schwer atmend am Boden liegend flüsterten sie den magischen Satz: „Alle Augen warten auf dich, oh Blüte." Da neigte sich eine ergraute alte Simawa herab und hauchte ihnen einen winzigen Rest von Duft zu, der sie schnell wieder zu Kräften kommen ließ.

Tief gebeugt an ihrem Stengel hängend berichtete die alte Simawa den Augentierchen. Die dreibeinigen Sudris hatten in ihren weit entfernten Erdkammern von der Kraft der Simawas gehört. In aller Eile waren sie die Nächte durch marschiert. Bei Licht hatten sie sich verkrochen, denn Licht ist der böseste Feind der Sudris. Nun lagen sie um das Simawa-Dickicht herum und warteten auf die Blüte. Dann wollten sie alle Blüten abreißen und in ihre Kammern schleppen. Ein Grio, einer der riesigen Sagenvögel, hatte den Marsch bemerkt und die Simawas gewarnt. Nun weigerten sie sich zu blühen, denn das würde gleichzeitig ihr Ende bedeuten.

So schnell sie ihre winzigen Füße tragen konnten, liefen die Augentierchen zum stillen See zurück. Ihre Worte riefen große Empörung hervor. Doch die Augentierchen hatten augenblicklich die rettende Idee. Sie schlichen, ohne daß auch nur eins von ihnen von den Sudris bemerkt worden wäre, zum Simawa-Dickicht und verteilten sich in dichter Kette um die Stengel. Dann baten sie die Simawas, noch in der gleichen Nacht mit der Blüte zu beginnen.

Als die Dunkelheit vollkommen war, stieg aus dem Simawa-Dickicht ein betörender Duft auf. Die Augentierchen hätten am liebsten sofort mit ihren Tanz begonnen, aber sie beherrschten sich und hielten ihre blitzenden Augen dem Erdboden zugewandt. Da ertönte lautes Stampfen und Poltern; die Sudris marschierten auf das Dickicht zu. Einige bange Sekunden verstrichen, bis die alte Simawa das verabredete Zeichen gab. Im gleichen Augenblick richteten sich alle Augentierchen auf und funkelten die Sudris an. Beim Anblick dieser hellglänzenden Lichterkette ergriffen die Dreibeinigen die Flucht. Sie liefen und liefen, bis sie ihre Erdkammern erreicht hatten, und wagten sich nie mehr ans Tageslicht. Die Augentierchen aber sogen den zauberhaften Duft tief in sich auf und begannen ihren Tanz. Lächelnd schauten die Simawas auf sie herab und wiegten ihre Blüten auf und ab.

Teil 4

Welch Glanz
in unserer Hütte

Vom Glanz

Glanz, das ist nicht nur der Glanz von Edelmetall wie Gold oder Silber. Es ist auch der Glanz in den Augen. Glänzend sind nicht nur frisch polierte Gegenstände oder Böden, von glänzend sprechen wir auch bei besonders guten Leistungen. Man kann auch einen glänzenden Eindruck gemacht haben und vieles mehr.

Wieder können Sie die hier vorgestellten Spiele und Aktionen einleiten mit einer Frage an die Kinder, was sie denn unter Glanz verstehen, was für sie zu Glanz gehört. Mit ein wenig Hilfe kommen sie sicher auf mehr als nur Glanzpapier …

Ein Text
zur Einstimmung

Glanz
schimmert glänzend.

Und kann doch
matt werden.

Glanz
muß gepflegt werden.

Und das kann
mühsam sein.

Glanz
kostet.

Und darf doch nicht
auf Kosten anderer gehen.   T. S.

Glänzender Start
mit den Regenbögen

Wer hat nicht schon einmal einen Regenbogen gesehen und den Glanz, der davon ausgeht! Deshalb geht es hier zunächst um Regenbögen.

Die Kinder können zu Anfang Regenbögen malen. Dabei können ihre Regenbögen auch andere Glanzfarbenspektren haben als der richtige Regenbogen; das ist nicht so wichtig. Neben Wachsmalkreiden, die durch Übermalen und Auskratzen, schöne Farbmuster ergeben, kann mit Wasserfarben und Fingerfarben gearbeitet werden. Fingerfarben können flächig oder getupft aufgetragen werden, und so ändert sich auch der Regenbogen. Regenbögen lassen sich auch mit Transparentpapier herstellen.

Dazu können verschieden breite Streifen übereinandergeklebt werden, so daß ein Farbspektrum entsteht, oder das Papier wird in kleine Fetzen zerrissen, die dann zu einem Regenbogen geklebt werden.

■ FARBEN VERTEILEN

Für die im folgenden beschriebenen Spielsequenzen können Gruppen gebildet werden, indem Stirnbänder aus jeweils einer Regenbogenfarbe hergestellt werden und erst einmal beliebig verteilt werden.

Sie können zum Verteilen der Farben auch ein Spiel benutzen. Dabei stehen die Kinder im Kreis. Die Stirnbänder liegen auf Stühlen, die am Rande des Raumes verteilt sind. Ein Kind beginnt und ruft: „Rot!" Sein Nachbar muß nun „Grün!" rufen, das nächste Kind „Gelb!" und wiederum das nächste „Blau!" (Es können hier natürlich auch andere Farben eingesetzt werden). Das Kind, das nun an der Reihe ist, ruft „Regenbogen!" Jetzt läuft es zu einem Stuhl und hat sich damit seine Farbe ausgewählt. So geht es weiter im Kreis herum. Es muß neben jedem Stuhl ein Kind stehen, bevor sich ein zweites Kind zum ersten gesellen darf usw.

■ STIRNBANDSPIELE

☐ Die Kinder finden sich in Gruppen ihrer Farbe und bilden ein Dreieck (Viereck, eine Acht, einen Kreis …). Das Ziel kann verbal oder durch Zeichen angegeben werden.

☐ Jeweils zwei Kinder einer Farbe laufen zu einer gleichfarbigen Markierung (Teppichfliese, Linie, Reifen o.ä.) und bleiben an den Händen gefaßt auf einem Bein stehen, bis die nächste Spielanweisung erfolgt, etwa: „Drei Kinder stellen sich auf vier Beine" oder „Vier Kinder bauen eine Brücke …"

☐ Jeweils ein Kind trifft sich an einem bestimmten Punkt des Raumes mit je einem Kind jeder anderen Farbe. Sie sortieren sich zu einem Regenbogen.

☐ Ein Regenbogen wird auf den Boden gemalt, bewegt sich ein Kind auf dem Strahl seiner Farbe, darf es von den anderen Kindern nicht angetroffen werden, ansonsten muß es so lange da stehenbleiben, wo es angetroffen ist, bis ein Kind gleicher Stirnbandfarbe das Kind einmal umrundet hat.

☐ Die Kinder bewegen sich durch den Raum. Betreten sie einen Farbenstrahl, müssen sie etwas Besonderes tun, z.B. sich einmal rundherum drehen bei dem roten Strahl, beim blauen auf Zehenspitzen gehen, beim gelben in der Hocke, beim grünen hüpfen und sofort. Je nach Alter und Grad des Behaltens werden nur einige wenige Farben mit Bewegungen genannt, es können ja immer andere Bewegungen hinzu genommen werden.

■ SONNENSTRAHLEN
Gelbe Bänder

Gelbe Bänder werden auf eine Länge von zweieinhalb bis drei Meter zurechtgeschnitten, sie sollten etwa 5 cm breit sein. Gymnastikbänder für Kinder sind bestens geeignet, die gibt es sogar in Regenbogenfarben! Werden sie selbst hergestellt, an die Enden einen Stab befestigen, der ca. 30 cm lang ist.

Die Stäbe werden alle in der Mitte zusammengelegt, so daß die gelben Bänder wie Strahlen gleichmäßig nach außen zeigen.

Zuerst bewegen sich die Kinder außen um die Strahlenenden herum. Langsam kommen sie immer dichter an die Strahlen heran, sie werden von ihnen „angezogen". Dennoch dürfen die Strahlen nicht berührt werden („Vorsicht, heiß!"), man muß vorsichtig über sie hinüberspringen. Dabei können die Kinder ihren eigenen Rhythmus finden, z.B. außen an den Bandenden wird jeder Zwischenraum genutzt. Wo die Bänder dichter beieinander liegen, können zwei oder drei Bänder übersprungen werden, aber Vorsicht, nicht berühren!!

Die Kinder schließen sich paarweise zusammen. Ein Kind hält einen Strahl kniehoch, das andere Kind steht daneben auf dem Strahlenende.

Die Sonne hat nun immer einen liegenden und einen gehaltenen Strahl nebeneinander. Die Kinder, die auf den Strahlen stehen, beginnen und springen über den liegenden Strahl und kriechen unter dem gehaltenen hindurch. Nach einer Runde wechselt das Kind mit seinem Partner.

In der Mitte werden die Stäbe zusammengehalten. Jedes Kind hält ein Bandende in der Hand. Ein Kind beginnt, steigt über das erste rechte Band und kriecht unter dem nächsten durch und sofort, bis es wieder an seinem Platz steht. Dann ist das rechte Nachbarskind an der Reihe. Es dauert zwar etwas länger, aber so lassen sich die Sonnenstrahlen flechten.

Jetzt hat jedes Kind ein Sonnenstrahlenband in der Hand und darf damit alle Figuren formen, die ihm

einfallen. Es können Achten gezeichnet werden oder Schlangenlinien, Spiralen, Wellen oder Kreise.

Vielleicht können die Sonnenstrahlenkinder etwas Gleiches zusammenmachen und dann jeder für sich schwingen, bevor sie sich wieder treffen. Schwingende Musik kann das Ganze unterstützen.

Zu guter Letzt rollen die Kinder die Strahlen wieder ein und beenden diese Spielsequenz.

■ GOLDENE KRONEN
Glanz im Haar

Für die Kronen werden rechteckige Glanzpapierstücke gebraucht, etwa von der Größe eines DIN-A4-Blattes. Wenn das Stück quer vor einem liegt, zeichnet man an die obere Seite vier oder fünf gleiche Zacken. Dann werden die Kronen ausgeschnitten. Sie können mit glitzernden Perlen oder Steinchen verziert werden, indem die Perlen angenäht und die Steinchen angeklebt werden. Klebepunkte oder selbstklebende Aufkleber können auch schmücken.

Dann werden die Enden zusammengefügt (kleben oder tackern) und an beiden Seiten ein Band angetackert, so daß die Krone festgebunden werden kann. Als Schmuck können Glanzpapierketten dienen, die folgendermaßen gebastelt werden können:

Glanzpapierstreifen (ca. 5 cm lang und 1 cm breit werden in größerer Zahl angefertigt. Dann wird aus dem ersten Streifen ein Ring geklebt (Enden zusammenfügen). Der nächste Streifen wird als Ring durch den ersten gelegt und so fort, bis lange Regierungsketten, kurze Halsbänder oder Armreifen entstehen, die durch verschiedenartiges Glanzpapier auch noch herrlich bunt glänzen können.

Ob den Kindern selbst Spiele und Ideen für ein Königsfest einfallen? Versuchen Sie es einfach, wird schon klappen. Wenn noch Dekorationen gebraucht werden, können Goldketten geschnitten und geflochten werden, Lametta (das ungiftige) wird zu Girlanden, aus Goldfolie können die Kinder Sterne und Halbmonde schneiden und aufhängen.

■ DER SILBERNE SAND
Glanz in Schachteln

Silbersand (kann man kaufen), dazu Glimmer in allen Farben, in ein Glas geben und zuschrauben. Das ist zum Schütteln!

Oder produzieren Sie Bilder: dicke Pappe, Klebstoff, aus Glimmertöpfen drauf streuen, wo es hält, bleibt es haften. Die Bilder sollten frei oder gestaltet sein.

In Behälter wie Zigarrenkistchen kommen Muscheln und Silbersand. Darin kleine Mulden formen, Kerzenwachs schmelzen und in die Mulden gießen sowie einen Docht zufügen. Ist alles erkaltet, wird es aus dem Kistchen genommen und bildet bizarre (Kerzen-)Formen.

■ WIR FALTEN VÖGEL
Glanz aus Papier

Falten Sie gemeinsam aus Glanzpapier Vögel. Die werden überall in den Raum gehängt und begleiten die Gruppe viele Wochen lang.

■ DIE STERNTALER
Glanz von oben

Es werden viele Luftballons aufgeblasen. Dann produzieren Sie Konfetti aus Glanzpapier (mit einem Locher) und geben dies in die Ballons hinein. Das sieht schön aus, wenn die Ballons an der Decke baumeln. Und geht einer kaputt, läßt sich ein Kind schnell die Sterne auf den Kopf rieseln.

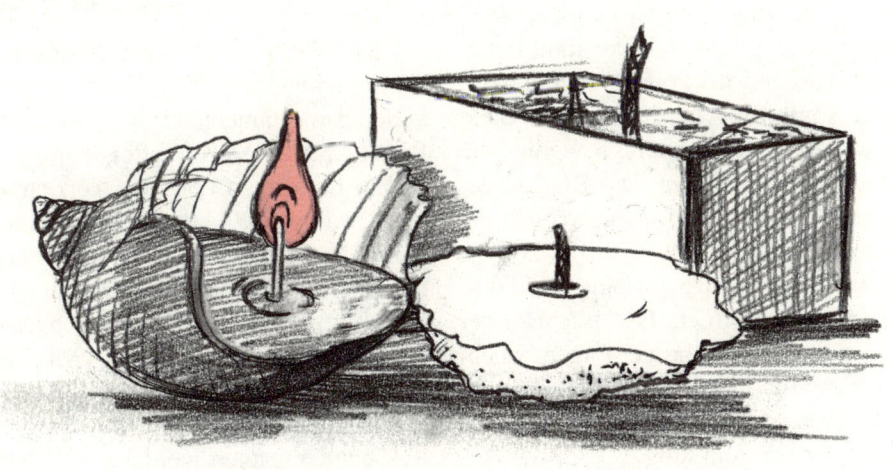

■ DIE SCHOKOTALER

Glanz in Münzen

Sie können das Spiel „Taler, Taler, du mußt wandern …" nennen. Nehmen Sie zu diesem Spiel die golden glänzenden Schokotaler, und schon paßt das Spiel bestens zu unserem Thema. Klar, daß die Kinder ihre Schätze zum Schluß nach Herzenslust genießen dürfen.

■ DIE RINGWANDERUNG

Glanz an der Kette

Alle Kinder stehen im Kreis dicht nebeneinander. Sie halten ein Band, das einmal im Kreis herumführt, mit beiden Händen fest. Vor dem Zusammenknoten wurde ein Ring auf das Band geschoben. In der Mitte steht ein einzelnes Kind. Zu Beginn schließt es kurz die Augen, damit es nicht sieht, in welcher Hand sich der Ring befindet. Dieser wird von den Kinderhänden so im Kreis herum über das Band geschoben, daß man so wenig wie möglich davon sieht. Das Kind in der Mitte muß nun entdecken, wo sich der Ring befindet.

Es deutet dazu auf eine Hand und läßt sie sich öffnen. Ist tatsächlich der Ring in dieser Hand verborgen, wechselt das Kind, dem die Hand gehört, in die Mitte und begibt sich auf die Suche nach dem Ring.

■ DAS MUSIKGEMÄLDE

Glanz zu Noten

Alle sitzen einzeln im Zimmer verteilt und haben Farben und Papier vor sich liegen. Sie spielen nun ruhige oder meditative Musik. Wenn die Kinder eine Weile zugehört haben, beginnen sie sich zu der Musik passende Farben und Formen vorzustellen. Diese malen sie dann auf. Auf dem Papier können auch Mandalas (Meditationskreise zum Ausmalen, es gibt sie in jeder Buchhandlung) kopiert sein, die die Spieler mit Farbe ausgestalten. Oder sie haben zu viert ein großes Plakat, das sie, ohne zu sprechen, gemeinsam gestalten.

■ DIE KÄSEKEKSE

Glanz im Mund

Jetzt wird Glanzkuchen gebacken. Sie brauchen dazu 100 g Mehl, 100 g geriebenen Emmentaler, 100 g weiche Butter, 2 Eier, Salz, Pfeffer, Paprika, Ausstecherformen und zum Verzieren kann wahlweise verwendet werden: Mohn, Nüsse, Paprika, Kümmel. Wenn das Gebäck vor dem Backen mit Eigelb bestrichen wird, glänzt es nachher. Im übrigen gibt es grobes Salz zu kaufen. Das sieht aus wie Kristalle und glänzt. Mit diesem Stern können die Kekse auch verziert werden.

Aus den Zutaten wird ein Mürbeteig gemacht. Das geht ganz einfach. Auf den Tisch wird das Mehl gegeben und oben eine Mulde gedrückt. In diese Mulde geben die Kinder das aufgeschlagene Ei. Um den Berg legen sie die kleine Stückchen Butter und den Käse. Das Ganze bestreuen wir mit etwas Salz, Pfeffer und Paprika. Sind die Finger sauber? Dann kann es losgehen! Von außen nach innen beginnen sie nun den Teig zu kneten. Das dauert eine Weile und es ist wichtig, nicht damit aufzuhören bis alles gut vermischt ist. Daß es soweit ist, merkt man daran, daß der Teig nicht mehr an den Fingern kleben bleibt. Sollte er trotzdem noch kleben, muß noch ein bißchen Mehl dazu. Nun stellen Sie den Backofen auf 175 Grad. Ein Backblech wird gut mit Margarine eingefettet und bereitgestellt. Nun bestreuen die Kinder die Arbeitsfläche mit Mehl, damit der Teig nicht daran kleben bleibt. Mit einem Wellholz wird die erste Hälfte des Teiges so lange gleichmäßig ausgewellt, bis er ungefähr noch einen halben Zentimeter dick ist. Nun stechen die Kinder mit verschiedenen Formen kleine Plätzchen aus dem Teig aus. Sie können aber mit dem Messer auch Streifen ausschneiden die einmal in sich selbst gedreht werden. Die Plätzchen werden auf das Blech gelegt. Wenn es ganz voll ist, nehmen sie das zweite Ei und trennen das Eigelb vom Eiweiß.

Dabei sollte ein Erwachsener helfen! Mit einem Pinsel werden alle Plätzchen mit dem Eigelb bestrichen. Danach verzieren die Kinder die Plätzchen unterschiedlich mit Mohn, Nüssen, Paprika oder Kümmel. Nun kommt das Blech in den Backofen auf die mittlere Schiene und nach 8–10 Minuten sind die Plätzchen goldgelb und fertig.

■ DIE KLECKSBILDER
Glanz und Glimmer

Viele Wolken sehen wie Gestalten aus und so auch die Farbkleckse. Mit einer Pipette tröpfelt das Kind Tinte auf ein Papier. Das Papier wird zusammengefaltet, mit der Handfläche drübergestrichen, daß sich die Farbe im Innern gut verteilt. Nach dem Aufklappen und Trocknen sind die rohsten Gestalten in den Klecksen zu entdecken. Mit Bleistift, Fineliner oder Filzstift können diese Figuren nun betont und herausgestellt werden. Sehr wirkungsvoll ist immer Glimmer, der dem Ganzen noch ein I-Tüpfelchen gibt. Mit Kleber werden kleine Partien des Blattes betont. Auf den noch feuchten Kleber wird der Glimmer aufgestreut und zart festgedrückt.

■ DIE SCHNEEKUGEL

Glanz im Glas

Für eine Schneekugel braucht man ein schönes, rundes Glas mit Schraubverschluß, Glitzerschnee (aus dem Bastelgeschäft), kleine Figuren, Steine, Edelsteine oder ähnliches und Zweikomponentenkleber.

Die Kinder spülen ihr Glas sauber aus und lassen es gut trocknen. In den Deckel kleben sie mit Kunststoffiguren eine kleine Szene oder eine Landschaft. Das Ganze lassen sie eine halbe Stunde trocknen. In dieser Zeit füllt jedes Kind das Glas mit Wasser und streut soviel von dem Glitzerschnee hinein, wie es will. Es gehen natürlich auch Glitzersterne, Herzen oder andere kleine Teile, die ihnen gefallen. Sie müssen nur wasserfest sein, also beispielsweise nicht aus Papier.

Wenn im Glas alles drin ist was das einzelne Kind haben will, schließen sie den Deckel. Dabei soll das Wasser bis zum obersten Rand stehen, wenn der Deckel zugeschraubt ist. Nun öffnen sie das Glas noch einmal und trocknen den äußeren Rand des Glases und den Deckel gründlich ab. In die Windungen des Deckels geben die Kinder etwas Klebstoff und jetzt drehen sie das Glas endgültig zu. Das kleine Kunstwerk muß nun etwa eine halbe Stunde trocknen, bevor wir es zum ersten Mal schütteln dürfen. Danach können die Kinder es jederzeit drehen und alles Glitzern in Bewegung bringen!

■ LEUCHTBLUMEN

Glanz und Blüten

Überhaupt können mit Lichterketten die tollsten Stimmungen hervorgezaubert werden. Papierblumen wirken mit einer leuchtenden Mitte wunderbar. Die Blumen hängt man aneinander zu einer Girlande und schiebt dann von hinten die Lichterkette ins Zentrum der Blumen. Das Kabel wird mit grünen Blättern verdeckt.

DER LEUCHTENDE TISCH
Glanz in Ketten

Im Ausverkauf gibt es oft für ganz wenig Geld Stoffe. Sie (oder alte Bettlaken) finden hier ihren Einsatz. Mit einer Nagelschere werden winzig kleine Löcher in die Decke gebohrt. Von der Rückseite her bohrt man die kleinen Lichter einer Lichterkette (Weihnachtsbeleuchtung) hindurch, die Kabel werden glattgezogen, eventuell mit Klebestreifen arretiert. Die Tischdecke kommt auf den Tisch, der Stecker in die Steckdose und schon leuchtet der Tisch festlich. Mit einer dunkelblauen Decke wirkt das Ganze wie ein Sternenhimmel und sieht besonders schön an Winterabenden aus.

Kinder sind in der Regel so angetan von der festlichen Atmosphäre, daß sie schon von ganz allein sehr vorsichtig sind. Die Erwachsenen setzen sich einfach dorthin, wo das Kabel herläuft, so daß auch die Kinder nicht darüber stolpern können. Das Kabel kann auch noch zusätzlich mit Klebestreifen am Boden befestigt werden.

Wem die „Kabelwirtschaft" mit Kindern trotzdem zu gefährlich ist, der kann den Stoff ja auch an die Wand hängen, das sieht auch sehr schön aus. Die Motive werden dann zart mit Bleistift vorgemalt und die Lichterkette wird entlang der Konturen durch die vorgestochenen Löcher gesteckt. Das Motiv leuchtet auf.

DAS BERGGLÜHEN
Glanz und Tüll

Lichterketten in Tüllberge gehüllt wirken märchenhaft. Dazu knüllt man ihn locker zusammen und drapiert ihn dann auf Fensterbänke, Schränke oder Regale. Er sieht auch auf einem Büfettisch toll aus.

DIE LAMETTADECKEN
Glanz in Nestern

Lametta gibt es auch noch am Streifen und in unterschiedlichsten Farben. Steckt man lange Streifen Alufolie an der Decke fest und fügt an den Schnittstellen eben diese Lamettastreifen ein, sieht das allein schon gut aus. Die Wirkung wird erhöht, wenn unter der Alufolie die Lichterketten verlegt sind und die Glühbirnen zwischendurch durchstrahlen. Jetzt braucht nicht gleich der Christbaum geplündert zu werden, nach Weihnachten kann ja in vielen Familien gesammelt werden. Das nächste Fest kommt bestimmt, solange wird es eben aufbewahrt. Es braucht ja nicht so ordentlich wie am Tannenbaum herunter zu hängen. Kleine Lamettanester mit Lichterketten sehen auch sehr wirkungsvoll aus.

■ DIE TANZENDEN PUNKTE

Glanz am Schirm

Aus Pappe werden Punkte ausgeschnitten, mit fluoreszierender Farbe bemalt und an den Drahtenden von Regenschirmen befestigt. Der Stoff ist vorher abgetrennt. Wird der Schirm ein bißchen geschlossen, rücken die Punkte näher aneinander heran, geöffnet entfernen sie sich wieder. Es sieht fast wie ein Kreistanz aus.

Sehr wirkungsvoll sind auch fluoreszierende Punkte, die auf den Stoff von schwarzen Regenschirmen gemalt sind. Beim Aufklappen erscheinen sie. Wird der Schirm zugeklappt, bleibt eine diffuse Gestalt, die neue Bilder zeigt, wenn der Schirm über den Kopf oder vor dem Körper bewegt wird.

Auf und ab können Punkte tanzen, werden sie an langen schwarzen schwingenden Drähten befestigt. Die Drähte bündelt man dann an einem Ende mit einem schwarzen Ende zusammen. So von einer schwarz behandschuhten Hand gepackt können die Punkte frei schwingen.

■ DER SAGENHAFTE SPIEGEL

Glanz im Märchen

Wenn um Spiegel locker Stoff geschlungen und dazwischen Lichterketten gezogen werden, wirkt der Spiegel wie aus einem Märchenbuch geschlüpft. Der Stoff wird mit Sicherheitsnadeln zusammengehalten und kann auf der Rückseite mit Paketband oder anderem festen Klebestreifen zum Halten gebracht werden.

Überhaupt eignen sich Spiegel hervorragend zur Dekoration von Räumen. (Da fragt man am besten in der Familie nach, vielleicht gibt es Verwandte mit Spiegeltick!)

■ SCHWEBENDE BALLONS

Glanz und Luft

Jedes Kind bekommt einen glänzenden Luftballon. Die Metallicfarben der Luftballone gibt es nicht nur in Silber und Gold, sondern auch in glänzendem Rosa und so weiter. Nachdem nun jedes Kind seinen Luftballon aufgeblasen und zugeknotet hat, reibt es den Ballon ganz fest am eigenen Körper. Dabei lädt sich der Luftballon auf und fliegt, sobald er losgelassen wird, an die Decke. Dort klebt er ein Weilchen fest. Das Kind, dessen Luftballon am längsten an der Decke bleibt, wird Sieger.

■ DER GLITZERBAUM

Glanz im Ast

Ein Ast wird in eine Vase gesteckt. Eine Girlande mit kleinen bunten Glühbirnen wird gleichmäßig über den ganzen Ast verteilt. Nun schneiden die Kinder aus silbernem und goldenem Staniolpapier Streifen aus. Diese sind ca. 7 cm breit und 25 cm lang. Der Länge nach wird ein Streifen nun dreimal zusammengefaltet. Eine der oberen Kanten wird in einen Bogen geschnitten. Danach wird der Streifen wieder aufgeklappt und an der nicht beschnittenen geraden Länge zusammengefaßt und mit einem Faden zusammengebunden. Die entstandenen Blumen verzieren nun den Ast zusätzlich und reflektieren das bunte Licht.

■ GLÜHWÜRMCHENKUCHEN

Glanz und Schlange

In einer Ringform wird ein ganz normaler Kuchen gebacken. Nachdem er aus der Form genommen worden und erkaltet ist, wird er halbiert, so daß zwei Halbkreise·entstehen. Diese werden nun hintereinander auf die Platte gelegt. Jetzt sieht der Kuchen aus wie ein „S". An einem Ende werden zwei Dreiecke abgeschnitten, so daß der Schlangenschwanz entsteht. Diese Dreiecke werden nun an das andere Ende wie eine offene Glühwürmchenschnauze gelegt. Mit 500 Gramm Puderzucker und dem geschlagenen Eiweiß von drei Eiern wird eine Glasur gerührt. Ein Teelöffel Vanillezucker verfeinert den Geschmack. Zum Schluß wird neonfarbene Lebensmittelfarbe in gelb und orange untergerührt und der Glühwurm damit bestrichen. Guten Appetit!

Schmusen + Tauschen
Glanz in Kinderaugen

Bei diesem Fest werden Schmusen und Tauschen Glanz in die kleinen Augen bringen. Es ist nur für Kinder gedacht, Erwachsene haben keine Zutritt (außer Ihnen selbst natürlich). Die Einladung zum Fest könnte so aussehen: In kleine Stoffsäckchen werden unterschiedliche Fellstückchen gestopft. Verschließen Sie die Säckchen mit bunten Bändern. An diesen hängen kleine Karten, auf denen vermerkt ist, wann und wo das Fest stattfindet. Als Schlußbemerkung schreiben Sie: „Bringe bitte etwas mit, das Du tauschen möchtest und auch darfst. Außerdem bringe das Säckchen mit den Schmusern mit." Versenden Sie das Ganze mit (wenn möglich gepolsterten) Umschlägen in der Größe DIN A5.

☐ *Dekoration*

Alle Schmusetiere des Gastgeberkindes werden im Festraum verteilt. Schmusedecken und Kissen schaffen eine behagliche Atmosphäre. Spannen Sie bunte Leinen quer durch den Raum, und zwar so hoch, daß sie nicht stören. An diese Leinen hängen Sie Luftballons, an denen wiederum Fellstückchen hängen.

Ein Tisch für das „kalte Buffet" (siehe Essen und Trinken) steht an einer Wand. Ein weiterer Tisch für Materialien steht daneben.

☐ *Merkzettel zur Vorbereitung*

Einladung	Klebepunkte, Klebstoff	Baguettes etc.
Schmuser	Schnüre, Gummiband	Sirup, Mineralwasser
Luftballons, Leinen	Filzstückchen, Scheren	Tische, Folie
Waschhandschuhe	Stofftasche	Gegenstände für
Wollreste, Knöpfe	Zauberstab	Zusatzspiel

☐ *Essen und Trinken*

Beim Stichwort „Ein Baggi für Dich" gibt es leckere Baguettes. Für jeweils vier Kinder reicht eine Stange Baguettebrot, das frisch oder aufgewärmt auf den Tisch gestellt wird. Dazu kommen Platten mit geschnittenem Käse und einigen Wurstsorten. Auch Salatblätter, Tomatenscheiben und Gurken gibt es. Jedes Kind stellt nach eigenem Geschmack ein „Baggi" zusammen. Dieses Brot ist jedoch für ein anderes Kind gedacht, dem es „geschenkt" wird. Da die „Geschmäcker bekanntlich verschieden sind, ist es vielleicht angebracht, sich zuerst bei dem zu beschenkenden Kind zu erkundigen, was es mag und was nicht. Wenn trotzdem Schwierigkeiten auftauchen sollten, darf sich ein Kind wenn es denn sein muß – auch sein eigenes Brot zubereiten. Für die Kinder, die einfach nicht dazu zu bringen sind, etwas „Herzhaftes" zu essen, sollte vielleicht auch eine Nougatcreme oder ähnliches bereitstehen.

Gläser und Mineralwasser (ohne Kohlensäure) stehen auch auf dem Tisch. Dazu bekommt jedes Kind eine kleine Flasche mit Sirup, und zwar für jeden einen anderen (Erdbeere, Apfel, Birne, Kirsche, Apfelsine, Pflaume etc.). Nun darf wiederum nach Herzenslust getauscht werden, wenn ein Kind den Sirup eines anderen probieren möchte. Das Eingießen sollte jedoch auf jeden Fall am (mit einer Folie abgedeckten) Tisch geschehen.

☐ *Begrüßung*

Die Kinder werden an der Tür begrüßt und in den Festraum geleitet. Dort können sie die Gegenstände, die sie zum Tauschen mitgebracht haben, auf dem Tisch mit den Materialien ablegen. Ein kleines Kärtchen mit ihrem Namen wird dem Gegenstand beigefügt. Dann wird ihnen der Nachmittag kurz erläutert. Ihre Säckchen mit den Schmusern in der Hand setzen sich alle bequem im Halbkreis um die Erzählerin.

■ BESONDERHEIT: SPIELKETTE

Zum Beginn

Die Besonderheit dieses Festes ist es, daß eine sogenannte Spielkette benutzt wird. Dazu wird den Kindern eine durchgehende Geschichte erzählt, die immer wieder durch Spiele und kleine Aktionen unterbrochen wird. Die zu erzählende Geschichte ist hier *kursiv* (d.h. schräg) und in anderer Schrift abgedruckt, die Aktionen dazu in normaler Schrift. Lesen Sie die Geschichte in Abschnitten vor; zwischendurch wird gespielt, wobei Sie die Spiele immer vorher kurz beschreiben.

Vor langer Zeit bekam jedes Kind zu seiner Geburt einen ganzen Sack voller Schmuser geschenkt. Es gab große und kleine, dicke und dünne Schmuser, aus unterschiedlichsten Stoffen. Alle Schmuser waren herrlich weich, so hatten die Menschen immer etwas zum Schmusen. Wie ihr hier …

Auspacken und zeigen

Die Schmuser können ausgepackt und den anderen Kindern gezeigt werden. Von der Erzählerin erhält jedes Kind einen weiteren Schmuser.

Außerdem war es ganz normal, anderen einen Schmuser zu schenken. Und weil alle sich gegenseitig ständig Schmuser schenkten, wurden sie auch nicht weniger. So waren die Menschen von kleinauf an Schmusen gewohnt. Das führte dazu, daß sie auch gerne untereinander schmusten. Es tat allen gut, und sie waren alle ziemlich glücklich und zufrieden. Sie schmusten und sie tauschten Schmuser.

Die Kinder stehen auf und laufen mit ihren Säckchen durch den Raum. Wenn sie ein anderes Kind treffen, können sie mit ihm einen Schmuser tauschen.

Tauschen

Oft saßen die Menschen auch zusammen und erzählten sich Schmusegeschichten. Klar, daß dabei auch ein wenig geschmust wurde.

Die Kinder kraulen den Nachbarn den Kopf, streicheln sich …

Kraulen

Doch es ist nicht allen Lebewesen recht, wenn Menschen so lieb miteinander umgehen. So gab es damals auch eine ziemlich böse Fee mit Namen Hala. Ihr machte es viel mehr Spaß, wenn es Streit gab, wenn böse Worte hin- und hergingen. Hala brütete viele Tage und Nächte, dann entschloß sie sich, den Menschen ihre Schmuser zu stehlen.

Ein Kind spielt die Fee Hala und bekommt eine größere Stofftasche umgehängt. Es versucht, die anderen Kinder zu fangen. Ist ein Kind erwischt worden, muß es seine Schmuser in die Tasche stecken. Von diesem Zeitpunkt an hilft es Hala, die anderen Kinder zu fangen. Das geht solange, bis die Fee alle Schmuser in ihrer Tasche hat.

Fangen

Es gab nun also keine Schmuser mehr. Alle waren von der bösen Fee irgendwo versteckt worden, wo, das wußte keiner. Viele gingen auf die Suche, doch keinem gelang es, auch nur einen Schmuser zu finden. Doch das wunderschöne Tauschen wollten sie auch nicht aufgeben. Also tauschten die Menschen andere Dinger miteinander.

Die Kinder gehen zu dem Tisch, auf dem die Gegenstände liegen, die sie zum Tauschen mitgebracht haben. Es darf getauscht werden, und zwar solange, bis alle ganz zufrieden mit dem sind, was sie nun in den Händen halten. Nur den von ihnen mitgebrachten Gegenstand, den dürfen sie sich nicht zurückholen.

Tauschen

Die Menschen tauschten zwar weiter, aber so recht zufrieden waren sie alle nicht. Außerdem fehlte ihnen das Schmusen. Einige ganz Kluge unter ihnen meinten, das Schmusen würde erst wieder beginnen und Spaß machen, wenn alle wieder

Schmuser hätten. Es müßte eben versucht werden, die Schmuser wiederzubekommen. Und dazu wäre es das Beste, wenn sich alle auf den Weg machten.

Führen

Die Kinder stellen sich in eine Reihe, wobei das hintere immer die Hände auf die Schultern des vorderen legt. Alle schließen die Augen. Nur das erste Kind in der Reihe darf die Augen offenhalten. Es führt die Gruppe durch den Raum und auch durch andere Räume. Dabei muß es gut aufpassen, daß keiner irgendwo anstößt oder stolpert. Also schön langsam und vorsichtig laufen. Wenn die Mutter in die Hände klatscht, bleiben alle stehen. Das letzte Kind kommt nun nach vorne und spielt für die zweite Strecke den Führer der Gruppe. Das geht solange, bis alle mit dem ehemals ersten Kind als nun letzten wieder im Festraum angekommen sind. Alle setzen sich wieder hin.

Traurig ließen sie ihre Köpfe hängen. Sie hatten die Schmuser nicht gefunden. Doch nach einer Weile faßten sie wieder Mut und gingen noch einmal los. Sie stiegen über hohe Berge ...

Bewegen

Die Kinder machen jeweils die passenden Bewegungen zu den jetzt folgenden Hindernissen

... durchquerten mühsam Sümpfe ...
... schwammen durch Flüsse ...
... kletterten auf Bäume, um sich umzuschauen ...
... balancierten über schmale Baumbrücken ...
... und durchsuchten Gebüsche und Blätterhaufen.

Sie fanden die Schmuser nicht. Aber die Fee Hala, der sie sehr nahe gekommen waren, bekam es nun mit der Angst zu tun. Sie wollte sich nicht jagen lassen. Also beschloß sie, selbst die Menschen zu verjagen.

Zaubern

Ein Kind schlüpft in die Rolle der Fee Hala. Es bekommt einen Zauberstab in die Hand. Die anderen Kinder laufen durch den Raum, um sich vor der Verzauberung zu schützen. Schafft es die Fee, ein Kind mit dem Zauberstab auf einer Schulter zu berühren, verwandelt sich das Kind in eine Krähe und „fliegt" (mit ausgebreiteten Armen) laut krähend durch den

Raum. Nur zwei Kinder, die eine Krähe gleichzeitig an beiden Flügeln packen (Hände in die Hände nehmen), können die Krähe wieder zurück in einen Menschen verwandeln. Schafft es die Fee, alle zu verzaubern? Können drei Krähen wieder zu Menschen verwandelt werden, haben die Kinder gewonnen. Sind alle verzaubert, hat es die Fee Hala geschafft.

Gewonnen oder nicht, die Schmuser waren einfach nicht aufzutreiben. Da erinnerten sich die Menschen daran, daß sie beim Tauschen viel Spaß gehabt hatten. Nur die Schmuser fehlten. Ein ganz Schlauer meinte, es bräuchten nur neue Schmuser erfunden zu werden. Und eine andere kam auf die wunderbare Idee, Schmusetiere anzufertigen. Mit Feuereifer gingen alle zur Sache.

Auf dem Materialtisch steht alles bereit, Waschlappen, Filzstückchen, Wollreste, Gummibänder und Schnur, Knöpfe und Klebepunkte. Jedes Kind kann sich nun sein Schmusetier selber basteln. Dazu werden die beiden geschlossenen Ecken des „Waschhandschuhs" mit Wolle abgebunden,, so daß zwei Ohren entstehen. Aus Knöpfen oder Klebepunkten werden zwei Augen. Auch eine Nase kann abgebunden werden. Mit Wollresten lassen sich buschige Bärte formen (die beim Abbinden der Nase gleich mit angebunden werden können). Wolle kann auch für Haare benutzt werden, ein Mund wird einfach aufgeklebt.

Basteln

Kaum waren sie fertig, zeigten die Menschen ihre Schmuser den anderen. Schon wurden manche auch wieder getauscht. Und endlich konnte auch wieder geschmust werden. Glücklich zogen alle durch die Straßen, es gab ein richtiges Freudenfest. So laut wurde es, daß schließlich die Fee Hala auf den Krach aufmerksam wurde. Sie flog eilends herbei und stellte eine riesige Schale mit Schokoriegeln auf den Marktplatz. Die Menschen ließen sich nicht lange bitten und aßen mit Genuß.

Die Kinder dürfen sich Kinderschokoriegel nehmen.

… und dann mampfen!

In der Zwischenzeit nahm die schlaue Fee alle Schmusetiere an sich und versteckte sie.

Verstecken

Die Kinder schließen ihre Augen und essen ihre Schokoriegel. Die Erzählerin versteckt die selbst gebastelten Schmusetiere im Raum.

Als die Menschen fertig waren, merkten sie, daß ihre Schmusetiere verschwunden waren. Sofort machten sie sich auf und suchten in der ganzen Stadt nach ihnen. Das Suchen machte ihnen Spaß, und schließlich fanden sie auch die Schmuser.

Suchen

Die Kinder suchen überall nach den Schmusetieren. Hat ein Kind eines gefunden, wartet es, bis ein anderes Kind mit einem Schmusetier zu ihm kommt. Dann wird getauscht. Das geht solange, bis endlich alle ihre eigenen Schmusetiere wieder zurück haben.

Als die Fee Hala feststellte, daß die Menschen gar nicht traurig waren, sondern sich in aller Ruhe ihre Schmusetier wiedergaben, da wurde sie richtig böse. Sie ließ einen großen Sturm aufziehen, und der wirbelte die Menschen so kräftig durcheinander, daß sie gar nicht mehr wußten, wo sie waren. Mühsam versuchten sie sich zu erinnern.

Puzzeln

Die Erzählerin verteilt Teile von Bildern oder Puzzeln unter die Kinder. Diese versuchen, aus den Teilen eine gemeinsame (oder für jedes Kind eine) Geschichte zu legen. Dann erzählen sie diese. Gibt es für jedes Kind eine Geschichte, dann kann auch hier getauscht

... bis die Geschichte komplett ist.

werden. Die Kinder tauschen die Teile so lange, bis vor jedem eine komplette Geschichte liegt.

Gemeinsam fanden also die Menschen ihre Geschichten wieder. Die Fee stellte fest, daß sie die Menschen einfach nicht unglücklich machen konnte. Also schrieb sie ihnen einen Brief, in dem sie in einem Rätsel versteckte, wo die gestohlenen Fellschmuser zu finden waren. Konnten die Menschen dieses Rätsel lösen, dann bekamen sie auch ihre Schmuser wieder. Das Rätsel:

Unkraut, Fell, Getier und Loden,
ihr findet sie nicht auf dem Boden.
Stein und Wasser, Erde, Sand,
ihr findet sie nicht an der Wand.

Kröte, Unke, Gans und Fisch,
ihr findet sie nicht unterm Tisch.
Höhle, Hütte, Kammer, Gruft,
ihr findet sie nur in der Luft.

94

Die Kinder versuchen, das Rätsel zu lösen. Kommen sie nicht darauf, daß die Fellschmuser an den Luftballons gemeint sind, dann helfen sie ihnen.

Rätsel lösen

Nach all diesen Aufregungen ist es an der Zeit, Ruhe einkehren zu lassen. Dann setzen sich alle zusammen, essen und trinken. Ist danach noch Zeit und haben die Kinder noch Lust, kann zum Schluß noch ein letztes Spiel folgen.

Unter einer großen Decke liegen viele Gegenstände: kleine, leere Schachteln, mit Watte gefüllte Säckchen, kleine Päckchen mit merkwürdigen Formen (ohne Inhalt) und klitzekleine Süßigkeiten (Minitüte Gummibärchen oder ähnliches). Die Kinder setzen sich um die Decke herum und ertasten unter ihr die Gegenstände. Drei dürfen sie sich aussuchen und vor sich auf die Decke legen. Dann darf nach Herzenslust getauscht werden. Haben sie genug getauscht, darf reihum jedes Kind seine Päckchen öffnen, während die anderen gespannt sind, was sich darin befindet. All die „Nieten" werden sicher von tröstenden Worten oder witzigen Bemerkungen begleitet. Hat ein Kind tatsächlich keine Süßigkeit erwischt, haben Sie noch ein paar in Reserve.

Tasten

■ DAS ABSCHIEDSGESCHENK
Glanz zum Ende

Bevor die Kinder nach Hause gehen, bekommen sie ein kleines Abschiedsgeschenk. Das kann ein „Überraschungsbonbon" sein, eingewickelt in Glanzpapier. Vielleicht haben Sie ja auch einige Zeit vor dem Fest diese Überraschungsbonbons mit den Kindern selbst gebastelt, mit Toilettenpapierrollen zum Beispiel, in die jeweils ein kleines Teil gesteckt worden ist und die mit Glanzpapier umwickelt worden sind.

„Ein Bonbon"

Spiel-Lern-Reihe

3–7

Die bereits erschienenen Bände, alle broschiert mit 96 Seiten und vielen Abbildungen

Maja Hasenbeck
So wunderschön wie heute
Geburtstage und Namenstage feiern
ISBN 3-7664-9299-3

Katharina Schenk
Lieber Gott, wo bist denn du?
Mit Kindern Glauben lernen
ISBN 3-7664-9296–9

Achim Schenk
Auch kleine Leute haben's schwer
Ängste und Fremdheit spielerisch überwinden
ISBN 3-7664-9293-4

Kerstin Etscher
Gottes Welt ist schön
Kinder erfahren die Natur
ISBN 3-7664-9290-x

Wolfgang Bort
Elternarbeit leichter machen
Wie man Eltern aktiviert
ISBN 3-7664-9276-4

Eckart Bücken
Bei uns spielt die Musik
Klangspiele und Spiellieder
ISBN 3-7664-9283-7

Gabriela Falkenberg
Gefühl bis in die Fingerspitzen
Körpererfahrung in Kindergruppen
ISBN 3-7664-9281-0

Regina Grabbet / Heike Baum
Naß, aber pudelwohl
Wasserspiele mit kleinen Kindern
ISBN 3-7664-9288-8

Maja Hasenbeck
In die Augen, in den Sinn
Wahrnehmung in Kindergruppen
ISBN 3-7664-9286-1

Heike Müller
Da fällt was für uns ab
Was man mit „Müll" machen kann
ISBN 3-7664-9278-0

Wolfgang Bort
Komm zu unserem Kinderfest
Ideen, Vorschläge und Anregungen zum Festefeiern
ISBN 3-7664-9227-6

Regina Grabbet
Laufen, Toben, Springen... Loben
Bewegungsspiele in Kindergruppen
ISBN 3-7664-9236-5

Daniela Feix-Mag
Komm, wir finden einen Wortschatz
Sprach- und Sprechspiele in Kindergruppen
ISBN 3-7664-9305-1

Eckart Bücken
Hören, was der Tag erzählt
Stille und Meditation mit Kindern
ISBN 3-7664-9309-4

Regina Grabbet
Schenken macht Spaß
Kinder gestalten mit Pfiff und Phantasie
ISBN 3-7664-9310-8

Burckhardthaus-Laetare Verlag Offenbach/M.